今、はじめよう！
新しい防災教育

子どもと教師の危険予測・回避能力を育てる

東京学芸大学教授　渡邉正樹 編著

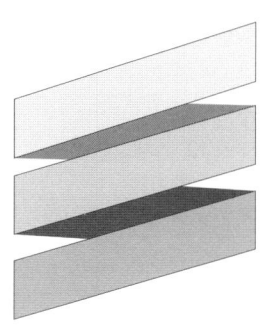

光文書院

もくじ
CONTENTS

今、はじめよう！新しい防災教育
子どもと教師の危険予測・危険回避能力を育てる

はじめに……4

第1章　東日本大震災がもたらした学校防災の課題………5
①東日本大震災がもたらした課題……6
②東日本大震災の課題を踏まえた学校防災……8
③小学校における防災教育のねらい……9
④避難訓練の工夫……10

第2章　防災教育のための知識………11
①地震災害……12
②津波災害……14
③地震に伴う津波以外の二次災害……16
④気象災害……18
◇コラム①／避難行動の誤解……20

第3章　防災教育の考え方と進め方………21
①危険予測・回避能力と防災教育……22
②防災教育を教育課程にどう位置づけるか……24
③地域と防災教育……26
④安全・安心な社会づくり……28
◇コラム②／過去の教訓を活用する……30

第4章　防災教育の実際：ワークシートと指導案………31
【ワークシート】
①学校で地震が起きた！　さあ，どうする？……32
②通学中に地震が起きた！　さあ，どうする？……34
③落ちてくる物，倒れてくる物，移動してくる物を探そう！……36
④「緊急地震速報」って，何？　きいたこと，ありますか？……38
⑤津波がくる！　さあ，どうする？……40

⑥大雨の日の通学路。どんな危険があるだろう？……42
⑦かみなりがきそうだ！　どうしたらいいのだろう？……44
⑧午後は大雨の天気予報。ハイキングに行きますか？……46
⑨情報を集めよう！　家族に知らせよう！……48
⑩「避難計画」を考えよう！……50
⑪いざというときのために備えておきたい必要品を探そう！……52
◇コラム③／"正常化の偏見"とは何か……54
◇コラム④／誤った情報に惑わされないために……55
【学習指導案】
①例1「自分で守ろう。自分のいのち」：学級活動・安全指導（低・中学年）……56
②例2「危険予測と危険回避」：学級活動・安全指導（中・高学年）……60
③例3「災害に備えよう」：学級活動・安全指導（高学年）……64
④例4「大雨が引き起こす災害」：体育科保健領域（5年生）……68
⑤付1「緊急地震速報の報知音を用いた訓練」：（中・高学年）……72
⑥付2「図上訓練（DIG）をやってみよう」：（高学年）……74
◇コラム⑤／児童のための備蓄を……76

第5章　防災管理Q＆A………77

①学校防災のための体制づくりは？……78
②学校はどのような備蓄が必要か……80
③児童を学校に待機させる場合の判断基準は？……82
④校外学習時の児童の安全確保の方法は？……84
⑤災害発生時の情報収集・情報発信のしかたは？……86
⑥学校が避難所となる場合の備えはどうしたらいい？……88
⑦東日本大震災後の学校の施設・設備の見直しでの注意点は？……90
⑧学校防災に必要な教職員研修のあり方は？……92
⑨防災マニュアルの作成と防災危機管理の進め方は？……94
⑩これからの学校防災での原子力災害に対しての備えは？……96
◇コラム⑥／学校のための事業継続計画……98

資料編………99

○東日本大震災を受けた防災教育・防災管理等に関する有識者会議（抜粋）……100
○学校安全の推進に関する計画（抜粋）……105
○学校防災マニュアル（地震・津波災害）作成の手引き（抜粋）……106
○学校保健安全法（抜粋）……109

あとがき………111

はじめに

　日本の国土は豊かな自然に恵まれ，四季折々の美しい光景を私たちは目にすることができます。またその自然の恵みにより，これまで日本は発展することができました。しかし，自然は時に私たちに牙をむきます。地震，津波，台風など，しばしば自然のもつ脅威にさらされ，大きな災害が発生することも少なくなく，そのたびに多くの人々が犠牲となっています。

　2011年3月11日に発生した東北地方太平洋沖地震では，地震とそれに伴う津波，さらには震災関連死を含めると，2013年4月現在，死者・行方不明者は2万人を超えています。このような大災害は今後も発生することが予想されています。私たちは，この状況に対して，いかに身を守るかを常に考えなければなりません。

　防災教育に関する書籍は，これまでも数多く出版されてきましたが，本書は独自の内容となっています。その第一の特徴は，児童の危険予測・回避能力の育成に焦点を当てている点です。2007年に光文書院より，防犯教育のための『ワークシートで身につける！子どもの危険予測・回避能力』を発刊しました。本書はその姉妹本といえるもので，学校安全教育で児童が身につけるべき最も重要な能力とされている危険予測・回避能力の育成をめざしています。

　第二の特徴は，児童の危険予測・回避能力育成のためのワークシートを示し，それを活用した学習指導案を提示している点です。すぐに使える具体的な教材や指導案が欲しい，という要望に応えました。

　第三の特徴は，近年の学校防災の課題を踏まえて，防災管理の視点からも活用できる内容を盛り込んだ点です。「東日本大震災を受けた防災教育・防災管理等に関する有識者会議」（2011年度～12年度），「学校安全の推進に関する計画」（2012年4月），「『生きる力』をはぐくむ防災教育の展開」（2013年3月）など最新の学校防災の情報を取り入れました。これは教職員自身の危険予測・回避能力の育成に役立つはずです。

　大災害は今日発生するかもしれません。そのとき，何よりも「命を守ること」が最優先されなければなりません。本書が，今日からの学校防災の取り組みにご活用いただければ幸いです。

東京学芸大学教授　　渡邉　正樹

第1章
東日本大震災がもたらした学校防災の課題

（次ページの写真を含め，撮影は著者による）

1 東日本大震災がもたらした課題

　2011年3月11日，東北地方太平洋沖地震およびそれに伴う津波によって東日本大震災が引き起こされ，日本国土の広範囲にわたり甚大な被害が発生しました。地震や津波による死者は15,883人，行方不明者は2,681人に達しています（警察庁緊急災害警備本部，2013年4月10日広報資料より）。さらに，いわゆる「震災関連死」[注1]を含めると，東日本大震災に起因する死者・行方不明者は2万人を超えています。特に被害が大きかった東北地方，北関東地方に加え，首都圏においても地震自体による被害とともに，交通機関の混乱など，さまざまな問題が残されました。

　学校への震災の影響も大きく，多くの児童生徒や教職員が犠牲となり，多くの校舎も被害を受けました。国や自治体は，地震，津波の発生直後からさまざまな取り組みを開始していますが，そのなかで，学校防災の課題が次第に明らかになってきました。

　2012年5月には文部科学省より「東日本大震災における学校等の対応等に関する調査」報告書が公表されました[1]。この調査は同年1月に実施されたもので，特に甚大な被害がみられた岩手県，宮城県，福島県のすべての園・学校を対象とし，地震発生直後の対応について調査を行ったものです。この調査結果では今後の学校防災にかかわる新たな問題が提起されています。主な結果を紹介します。

　地震発生時には約8割の学校で，児童生徒等が校内にいました。しかし，地震の揺れそのものによる人的被害については，死者・行方不明者は0人であり，負傷者も少なかったことがわかりました。後述するように上記3県の児童生徒等の死者・行方不明者は，すべて津波によるものです。

　人的被害に対して学校への物的被害については，約8割の学校で校舎，体育館が被害を被っており，備品への被害も少なくありませんでした。近年，全国で校舎の耐震化が進んできたこともあり，建物自体に大きな被害を受けた学校は少なかったのですが，天井材，照明，窓ガラスなど非構造部材の落下，あるいは備品の転倒などは数多くみられました（第5章「防災管理Q&A」P.90-91参照）。

　また，9割の学校は，地震発生直後の避難行動に加え，二次避難行動（校庭や体育館への移動）をとりました。さらに不在の児童生徒の安否確認を行った学校も8割を超えていました。大部分の学校では，危機管理マニュアルに避難行動を規定しています。特に小学校においては，避難行動をマニュアルに規定していた学校は，規定していなかった学校よりも児童が落ち着いて（パニックを起こさ

注1）
震災関連死……復興庁によると，震災関連死は「東日本大震災による負傷の悪化などにより死亡し，災害弔慰金の支給等に関する法律に基づき，当該災害弔慰金の支給対象となった者」と定義されている。復興庁は2012年3月31日までの死者数が1,632人と発表した。

[図1] 避難行動を危機管理マニュアルに規定していた小学校とそうではない小学校との違い

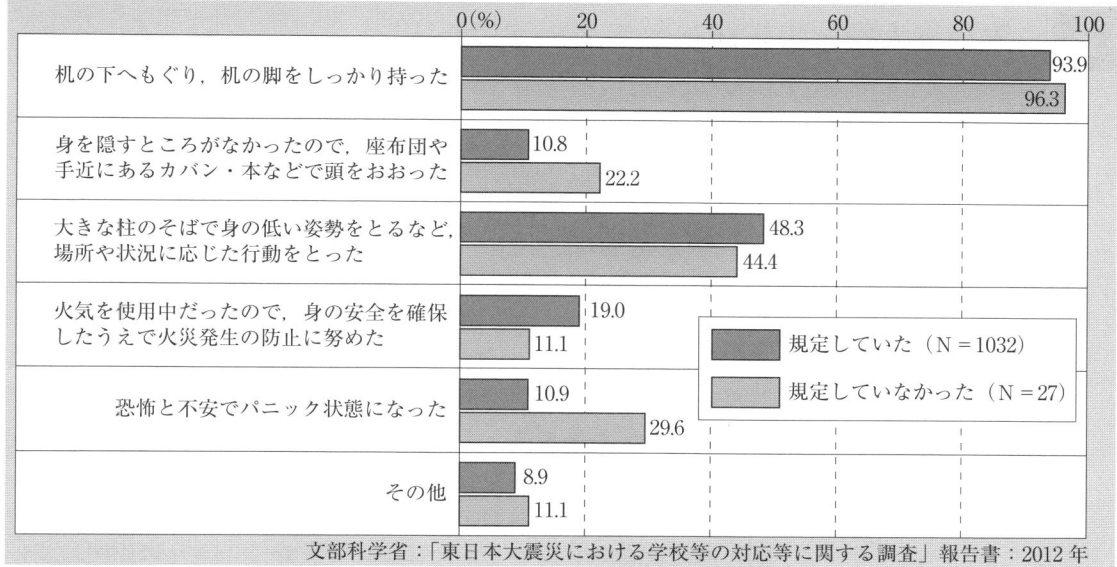

文部科学省：「東日本大震災における学校等の対応等に関する調査」報告書：2012年

ず）避難したことも明らかになっています（図1参照）。しかし、マニュアルに児童生徒等の安否確認の方法を規定していた学校は約4割にとどまりました。

さらに、ハザードマップなどで津波による浸水が予想されていた地域では、マニュアルで津波に対する避難を規定していた学校は約6割にすぎませんでした。3県の学校で発生した死者・行方不明者は、すべて津波によるものであったため、今後は津波被害が予想される学校においては、マニュアルに津波発生時の対応を規定することが強く求められます（第5章「防災管理Q&A」P.94-95参照）。

また学校全体の26.2%では、児童生徒の帰宅困難が発生し、特に高等学校では54.0%に達していました。しかし帰宅困難の児童生徒等に対する備蓄品があった学校は16.1%であり、帰宅困難生徒のいた割合が高かった高等学校でも15.1%にとどまりました。多くの学校では、自治体による備蓄が用意されているものと思われますが、今後は児童生徒等のための備蓄品を充実することが必要です（第5章「防災管理Q&A」P.80-81参照）。さらに学校のどこに備蓄するかも考慮すべきでしょう。それは、備蓄品があったにもかかわらず、津波の浸水によってそれらが使えなくなった学校もあったためです。

この調査ではほかにも、地震発生直後は停電や電話の不通のために外部と連絡をとることができなかったこと、災害対策の校内組織が機能しない場合があったこと、マニュアルに学校が避難所になることが規定されていなかった学校が半数以上であったことなど、数多くの課題が明らかになっています（第5章「防災管理Q&A」P.88-89参照）。

もちろん、これは震災発生直後の学校の対応に焦点をしぼったものですので、学校が抱えた課題の一部にすぎません。復興を含め、今後も明らかにすべき課題は数多いと思います。

2 東日本大震災の課題を踏まえた学校防災

　文部科学省は,「東日本大震災を受けた防災教育・防災管理等に関する有識者会議」(以下,有識者会議と略す)を2011年7月にスタートさせ,同年9月に中間とりまとめ[2]を,翌年7月には最終報告[3]を公表しました。この会議の目的は,東日本大震災によって被災した学校等での経験を把握・分析したうえで,これからの防災教育・防災管理等のあり方を提言することです。

　まず防災教育ですが,「自らの危険を予測し,回避する能力を高める防災教育の推進」が提言されています。すなわち危険予測・回避能力の育成です。後述するように,危険予測・回避能力は,交通安全,防犯,その他の生活安全において,自他の身を守るうえで最も重要な能力といえるものです。さらに,この有識者会議では,危険予測・回避能力の育成のしかたについて,以下のように説明しています。

> 災害発生時に,自ら危険を予測し,回避するためには,自然災害に関する知識を身に付けるとともに,習得した知識に基づいて的確に判断し,迅速な行動を取ることが必要である。その力を身に付けるには,日常生活においても状況を判断し,最善を尽くそうとする「主体的に行動する態度」を育成する必要がある[2]。

　ここでは,単に知識を習得するだけではなく,避難行動につなげるための「主体的に行動する態度」の育成が必要であることを示しています。災害発生のメカニズムや適切な避難方法について理解していることはもちろん重要ですが,それによりいざというときに行動へ移せるとは限りません。

　特に学校における避難訓練の多くは,決められた設定でルールに基づいて行動するので,子どもたちの主体性を育てるには不十分だと思われます。災害はいつ,どこで発生するかわかりません。自分自身の力で確実に自分の命を守ることが求められます。それはまた,地域住民も含めた多くの人々の行動促進のための「率先避難者」[注2]としての役割を果たすことにもつながります。

　有識者会議における防災管理・組織活動では,先に述べた実態調査での課題も踏まえつつ,具体的な取り組みが提言されています。

　中間とりまとめにおいては,各学校における地震・津波にかかわる対応マニュアルの整備・充実(第5章「防災管理Q&A」P.94-95参照),児童生徒等の学校待機・引き渡しの判断(同P.82-83参照),学校外活動中の被災対応(同P.84-85参照),学校が避難所となる場合の運営方策(同P.88-89参照)などがあげられています。

　最終報告では,学校における非構造部材の耐震点検・対策の推進方策(同P.90-91参照),臨機応変に対応できる組織のあり方などの

注2)
率先避難者……自分が進んで避難することで,他の人の避難を促す人のこと。すなわち自分が率先避難者になることは,他の人の命を救うことにつながる。

体制づくり（同P.78-79参照），市区町村防災担当部局や地域住民関係者・団体と体制整備などがあがっています。

　特に組織活動では，学校防災に関する教職員の力量形成が求められています。有識者会議「中間とりまとめ」の関連箇所は，以下のとおりです。

・全ての教職員は，災害発生時の状況を的確に判断し，児童生徒等の安全確保のために適切な指示や支援をすることが求められる。
・ほとんどの学校においては，校務分掌上，学校安全の中核となる教職員等が置かれている。より一層，その専門的知識や資質の向上を図る研修等が充実されることが望まれる。
・経験年数に応じた教員研修，教員免許更新講習等において講習等を充実させ，全ての教職員が安全教育，安全管理，組織活動についての基礎を学べる体制を整備していくこと等について，今後の検討が望まれる。

　前述の実態調査でも，校内で教職員への防災にかかわる研修を実施していなかった学校等が約3割あることがわかっています。2009年4月より施行された学校保健安全法においても，教職員の研修の計画と実施が義務づけられています。本書も，教職員の皆さんの力量形成のために編集されています。

3　小学校における防災教育のねらい

　2013年3月に文部科学省より発刊された「学校防災のための参考資料『生きる力』をはぐくむ防災教育の展開」[4]（以下，学校防災参考資料）では，防災教育のねらいを次のように示しています。

> ア　自然災害等の現状，原因及び減災等について理解を深め，現在及び将来に直面する災害に対して，的確な思考・判断に基づく適切な意思決定や行動選択ができるようにする。
> イ　地震，台風の発生等に伴う危険を理解・予測し，自らの安全を確保するための行動ができるようにするとともに，日常的な備えができるようにする。
> ウ　自他の生命を尊重し，安全で安心な社会づくりの重要性を認識して，学校，家庭及び地域社会の安全活動に進んで参加・協力し，貢献できるようにする。

　これらは2010年に文部科学省から発刊された「学校安全参考資料『生きる力』をはぐくむ学校での安全教育」（改訂版）にみられる安全教育のねらいに準じた記述ですが，これらのねらいは，幼稚園から高校までの段階を通じて達成されるものです。

　また学校防災参考資料には，小学校段階における防災教育の目標を次のように示しています。

> ア　知識，思考・判断
> ・地域で起こりやすい災害や地域における過去の災害について理解し，安全な行動をとるための判断に生かすことができる。
> ・被害を軽減したり，災害後に役立つものについて理解する。
> イ　危険予測，主体的な行動
> ・災害時における危険を認識し日常的な訓練等を生かして，自らの安全を確保することができる。
> ウ　社会貢献，支援者の基盤
> ・自他の生命を尊重し，災害時及び発生後に，他の人や集団，地域の安全に役立つことができる。

　これらの目標を達成することによって，「日常的なさまざまな場面で発生する災害の危険を理解し，安全な行動ができるようにするとともに，他の人々の安全にも気配りできる児童」を育てることになります。

4　避難訓練の工夫

　防災教育で特に重要な学習内容として避難訓練があげられます。これまでの避難訓練は，児童が教室にいる時間帯に地震が発生するという前提で行い，直後に机の下に身を隠し，揺れがおさまった後に校舎外に避難するというものでした。しかし，教室に子どもたちがそろっているときに限定して，地震が発生するわけではありません。したがって，いつでも机の下にもぐることができるとは限りません。
　東日本大震災では，すでに一部の児童らが下校した後に地震が発生しています。いつどんな場所で地震が発生しても，最も安全な行動をとることができることが理想です。
　また先の有識者会議では，防災に関する科学技術の活用促進についても提言がなされています。特に緊急地震速報の設置とその活用ですが，緊急地震速報を用いて避難訓練を実施することで，従来よりも高い訓練効果があることが報告されています。学校だけではなく，家庭においてもその効果が期待できます。
　このように東日本大震災以降，避難訓練のあり方が見直されています。本書所収のワークシートでも，特に避難行動については重点的に取り上げています。ぜひ授業の中でも活用していただきたいと思います。

<参考文献>
1）文部科学省：「東日本大震災における学校等の対応等に関する調査」報告書：2012年
2）東日本大震災を受けた防災教育・防災管理等に関する有識者会議：「東日本大震災を受けた防災教育・防災管理等に関する有識者会議」中間とりまとめ：文部科学省：2011年
3）東日本大震災を受けた防災教育・防災管理等に関する有識者会議：「東日本大震災を受けた防災教育・防災管理等に関する有識者会議」最終報告：文部科学省：2012年
4）文部科学省：学校防災のための参考資料　「生きる力」をはぐくむ防災教育の展開：2013年

第2章

防災教育のための知識

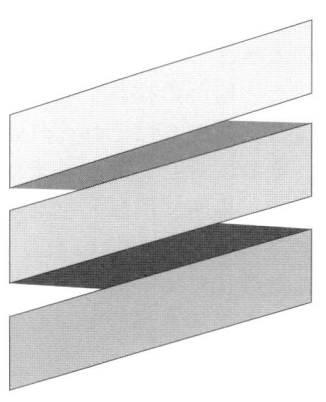

1 地震災害

(1) 日本の地震災害

　日本は，ほぼ毎年のように大きな地震に見舞われています。そして時には，数千人を超える死者が発生する大地震，およびそれに伴う二次災害が発生してきました。近年では，1995年に発生した兵庫県南部地震（阪神・淡路大震災）と2011年に発生した東北地方太平洋沖地震（東日本大震災）が特に甚大な被害をもたらしました。

　よく知られているように，地球を覆う岩盤すなわちプレートのぶつかり合う場所で地震の多くが発生しています。特に日本列島は，大陸プレートの下に海洋プレートが沈み込み，それがひずみをもたらし，限界がくるとプレートがはね上がります。これが引き起こす地震がプレート境界型地震であり，東北地方太平洋沖地震や近い将来発生が危惧されている南海トラフ地震などが当てはまります。

　また，プレート内地震とよばれるプレート内の亀裂によって起こる地震があります。特に陸のプレート内で活動する亀裂を活断層とよびます。兵庫県南部地震，2004年の新潟県中越地震，あるいは高い確率で発生が予想されている都市直下型地震は，このタイプの地震です（写真参照）。

　また大地震の後には余震や誘発地震も発生しやすく，地震はしばしば連続して発生します。

(2) 地震の大きさ

　地震の大きさとして使われるのが震度とマグニチュードです。震度とは，その場所の揺れを表すものです。震度0から震度7までであり，震度5と震度6はそれぞれ強弱があるため，震度は10段階になります。それに対してマグニチュードとは，地震そのものの規模を表す数値で，場所に関係しません。マグニチュードの数値が1上がると，エネルギーは32倍になります。日本ではマグニチュード8.0以上の地震は10年に一度発生すると考えられていましたが（表1），東北地方太平洋沖地震はマグニチュード9.0に達しました。

(3) 地震の予知

　大地震は突然私たちを襲ってきます。しかし，もし地震の発生を予知できれば，早めに避難するなどの対策を講じることができます。そのための研究が進められてきました。過去の地震の記録や痕跡を調べたり，GPSを用いて地殻の動きを調べたりなど，さまざまな研究の積み重ねがあります。また東北地方太平洋沖地震の前には，宮城県沖が震源となる地震が，30年以内に99％の確率で発生することが予想されていました。しかしながら，マグニチュード9.0という大規模な地震の発生は予知できず，もちろんいつ起こるかもわかりませんでした。

　このように，確実に地震を予知することは現時点では残念ながら

▼兵庫県南部地震で出現した野島断層（北淡震災記念公園）

[表1] 日本およびその周辺の地震回数
（1年間の平均）

マグニチュード	回数（1年間平均）
M8.0以上	0.1 （10年に1回）
M7.0－7.9	2
M6.0－6.9	17
M5.0－5.9	123
M4.0－4.9	895
M3.0－3.9	4,073

（1996～2005年の気象庁の震源データをもとに算出：気象庁「気象等の知識　よくある質問集」より）

不可能といえるでしょう。しかし，地震が起こる危険性や起きた場合の被害予想は可能です。したがって地震に対して備えることは不可能ではないのです。

（4）緊急地震速報の実用化

　日本が世界に誇れる地震対策のひとつが緊急地震速報です。第4章のワークシート（P.39）でも説明していますが，緊急地震速報は伝わるのが速い弱い揺れ（P波）と，伝わるのが遅い強い揺れ（S波）の速度の差を利用して，P波を測定した段階で震源とマグニチュードを自動計測し，S波が到達する前に各地の震度を予想して知らせるものです。特に震度5弱以上の揺れが予想される場合には，テレビ，ラジオ，携帯電話，スマートフォン，防災無線などに緊急地震速報が発報されます。

　緊急地震速報の発報から揺れの到達までは，数秒から数十秒しかありません。しかし，その間に身の安全を確保することは不可能ではありません。なお緊急地震速報は地震を予知するものではなく，あくまでも地震の発生後に地震の揺れを知らせるものです。

（5）適切な避難方法

　近年日本では建築物の耐震化，免震化が進んだため，建物自体が倒壊することは少なくなりました。しかし室内の非構造部材や家具などで大けがをする危険性があります。また建物が全壊，半壊状態となった場合には，漏電火災が発生する危険性もあります。

　揺れを感じたら，あるいは緊急地震速報が発報されたら，まず「落ちてこない・倒れてこない・移動してこない」場所にすばやく避難することが重要です。以前は地震を感じたら火を消すことが優先されていましたが，現在は揺れている最中は火には近づかないことが原則です。

＜参考文献＞
1）気象庁：『気象業務はいま』：2012年
2）NHK「サイエンスZERO」取材班ほか：『東日本大震災を解き明かす』：NHK出版：2011年
3）気象庁：気象等の知識　よくある質問集
　http://www.jma.go.jp/jma/kishou/know/faq/

2 津波災害

(1) 津波の脅威

　地震は，揺れ自体によっても大きな被害をもたらす可能性があります。しかし前述したように，建築物への対策が進んだことから，揺れ自体による被害は以前よりも減少したと思われます。しかし場所によっては，津波災害が発生する危険性があります。

　東日本大震災では東北地方から関東地方にかけて，広範囲にわたり津波被害が発生し（写真参照），多くの人々が犠牲になりました。また近い将来発生が予想されている南海トラフ地震でも，東海地方から近畿，四国にかけて甚大な津波被害が想定されています。津波災害の恐ろしさは，一瞬にして多くの命を奪ってしまうことです。

(2) 津波に関する認識

　日本は歴史上幾度も津波被害を受けていますが，近年まで津波について，すべての人々が正しい認識をもっていたわけではありません。防災教材でも津波と高波（あるいは高潮）を混同している場合もありました。海外でも同様で，アメリカ合衆国で作成された津波被害を伝えるポスターに，葛飾北斎の有名な「富嶽三十六景　神奈川沖浪裏」の版画が使われているのを見たことがありますが，北斎のこの作品での大波は津波ではありません。

　津波が海岸線を襲う様子を世界で最初にビデオ映像でとらえたのは，日本海中部地震（1983年）であったと思われます。その後，スマトラ島沖地震（2004年）での津波映像が全世界に伝えられ，東日本大震災では多くの人々が津波を目にすることになったわけです。それによって津波の本当の脅威を知ることになりました。

(3) 津波の特徴

　津波は波というよりも，海面全体が持ち上がり，激しい流れとなって陸上へ浸水してくる現象です。たとえ数十センチの津波であっても，容易に人を押し流すだけのエネルギーをもっています。

　また津波は第2波，第3波と繰り返し襲ってきます。津波の高さも第1波が最も高いとは限りません。東日本大震災では，避難していたにもかかわらず，第1波でたいした津波ではないと判断してしまい，自宅に戻って被災した人々もいたことが伝えられています。

　また津波の前には引き潮があるといわれていますが，必ずしも引き潮があるわけではないことも知っておく必要があります。さらに津波は川を遡上します。川を遡上した津波が上流で堤防を越え，海とは反対方向から津波が襲ってくることもあります。

(4) 津波警報

　地震そのものとは異なり，津波には注意報と警報があります。2013年3月より津波警報が表1のように変わりました。予想される津波の高さを「巨大」，「高い」と表現することで，非常事態である

▲東日本大震災における津波被害（宮城県名取市）

[表1] 巨大地震の場合の予想される津波の規模の表現

	予想される津波の高さ	
	数値での発表	巨大地震の場合の表現
大津波警報	10m超	巨大
	10m	
	5m	
津波警報	3m	高い
津波注意報	1m	（表記しない）

（気象庁HPより）

ことを伝える意図があります。

（5）津波から身を守る

　大津波警報や津波警報が発表されたら，ただちに高台か高い避難ビルなどに避難します。近くに高台がない場合は，至急，海や川からできるだけ遠くに離れるようにします。警報が発表されなくても，沿岸部で強い揺れを感じたり，長い時間ゆっくりとした揺れを感じたりしたら，同様に至急避難する必要があります。

　東日本大震災では，津波の到達時間を過ぎても実際に津波がこないと思い，避難先から戻ってしまった人もいましたが，地理的状況によって実際の到達時間が異なる場合もあります。また前述したように，津波は繰り返し襲ってきますので，警報が解除されるまでは決して戻ってはいけません。数時間の間隔をおいて次の波が襲ってくることもあるのです。

　津波は自分の目で見てから逃げるのでは間に合いません。警報などの情報をもとに正しい判断をすることが求められます。

＜参考文献＞
1）気象庁：『気象業務はいま』：2012年

3 地震に伴う津波以外の二次災害

（1）火災

　地震の影響で起きる二次災害には，津波以外にも火災，土砂災害，地割れ，液状化現象などがあります。代表的な二次災害は火災ですが，関東大震災（1923年）では，大規模な火災によって多くの人々が命を失いました。このときの火災発生は，昼食の準備と重なっていたためといわれています。そのため，長い間「グラッときたら火の始末」が合言葉になっていました。

　しかし関東大震災とは異なり，阪神・淡路大震災では，多くの火災が，漏電など電気系統が原因となって発生したことがわかっています。避難時には電気器具の電源を切る，ブレーカーを落とすなどの対応が必要です。また漏電ブレーカー，感震ブレーカー，感震コンセントなどを用いることも有効です。

　また，地震の揺れによって薬品などが落下して，火災が発生するケースがあります。学校の理科室などでは，薬品が倒れることのないように処置しておく必要があります。

　なおキッチンで火を使っている場合は，揺れている間は無理に火を消さないのが原則です。揺れによってやけどをする危険性があるためです。

（2）土砂崩れ

　地震の発生に伴って，さまざまな土砂災害も発生します。ただし地震直後に発生するとは限らず，地震によってゆるんだ地盤が大雨によって崩れることもあります。2008年に発生した岩手・宮城内陸地震では，建物の倒壊などは少なかったものの，地すべりや土砂崩れが発生しました（写真参照）。また東日本大震災でもダムの堤が決壊して，鉄砲水が下流の家屋を襲いました。

　津波とは異なり，高い場所へ避難することが最善とは限らないのが土砂災害です。気象災害も含めて，安全な避難場所をあらかじめ確認しておく必要があります。

（3）地割れ

　地震ではしばしば地割れが発生します。特に埋め立て地，盛り土など軟弱な地盤や傾斜地では発生する危険性が高く，傾斜地で発生すると崖崩れの原因にもなります。地割れの上に道路や建物があると，交通機関が断絶したり，家屋が倒壊したりするなど，大きな影響を受けることもあります。

（4）液状化

　液状化現象は，地盤が軟らかくて地下に水を大量に含んだ砂層がある場合（沿岸部の埋め立て地など）に発生します。阪神・淡路大震災ではポートアイランドや六甲アイランドのような埋め立て地で発生し，東日本大震災では沿岸部だけではなく，地盤の軟らかい内

感震ブレーカー・感震コンセント……震度5（または7）前後の揺れを感じると通電を自動遮断するセンサーを備えた電気器具。阪神・淡路大震災では1月の早朝に地震が起こったため，電気ストーブなどの暖房器具がついたまま停電になり，その後電気が復旧したとき，多くの家屋は避難していて無人状態であった。

▲岩手・宮城内陸地震による土砂災害の跡（2008年：宮城県）

陸部でも発生しました。

　液状化が発生すると、その上にある建築物が傾き、倒壊の危険が高まります。また、ガスや上下水道などのインフラへの影響も大きく、長い期間調理に影響したり、トイレや風呂が使えなくなったりします。

（5）火山災害

　地震と火山活動はしばしば連動します。火山活動に伴って地震が発生することもあり、地震が火山活動を活発化させる可能性もあります。火山災害は火山の近くの住民はもちろん、国土の広範囲にわたって影響をもたらす可能性があります。地震とは直接関係ありませんが、2010年にアイスランドで発生した火山噴火では、ヨーロッパの広範囲にわたって航空機が運休するなど、空の交通に大きな影響が出ました。

　たとえ火山周辺に住んでいない場合でも、火山災害について学んでおくことは大切です。

（6）原子力災害

　東日本大震災で、津波とともに大きな被害をもたらしたのが原発事故（福島第一原子力発電所事故）です。それ以前より地震による影響が危惧されており、2007年の中越沖地震では柏崎刈羽原子力発電所の原子炉が緊急停止して、変圧器から出火がありました。残念ながら、福島第一原子力発電所では大事故が発生してしまったのですが、P.96-97のQ＆Aでも示しましたように、学校だけでは対応できない重大な問題です。

（7）その他、地震による影響

　正確には二次災害というわけではありませんが、地震に伴い次のような危険も発生します。

　例えば電柱が倒れたり、電線が切れて垂れ下がったりしていると、感電する危険があります。また、インフラが遮断されることで、停電、断水などが発生し、私たちの生活に支障が生じます。それは避難行動や避難所での生活にも大きく影響します。

4　気象災害

（1）大雨

　地震災害以外で，日本の国土にしばしば大きな被害をもたらすのが大雨です。大雨は，温帯低気圧や台風などが日本に接近する際に多く発生しますが，前線が停滞するときなどにも発生します。

　台風では，雨はもちろん，暴風・強風によって甚大な被害がもたらされます。家屋が倒壊したり，交通機関が遮断されたり，また農作物が被害を受けることもしばしば発生しています。1959年に東海地方を直撃した伊勢湾台風では，死者・行方不明者が5,000人を超えました。近年も毎年のように台風は日本列島を襲いますが，対策が進んだこともあり，人的被害は減少しています。

　ところで集中豪雨とは，一般に広範囲にわたって発生する大雨をさしますが，数キロ程度の狭い地域で起きる集中豪雨は，特に局地的大雨（ゲリラ豪雨）とよばれます。局地的大雨では積乱雲によって急に強い雨が降り，雨水が一気に流れ込むことで一時的に川の水量が高まることがあります。2008年7月に神戸市灘区の都賀川で，上流の局地的大雨によって川の水位が10分間で約1m30cmも上昇したことがありました。それにより，河川内の公園で遊んでいた子どもたちをはじめ，5人が亡くなりました。東京都内でも局地的大雨で死者が出ています。局地的大雨は予測が難しいという問題があります。

（2）大雨がもたらす土砂災害，浸水害，洪水

　大雨は，土砂崩れや土石流などの土砂災害を誘発することが少なくありません。2011年に紀伊半島を襲った台風12号は，広い範囲にわたり1週間で1,000mmを超す降水量を記録し，奈良県・和歌山県を中心に土砂災害や浸水の被害をもたらしました。

　洪水や浸水も，大雨がもたらす代表的な災害です。2005年8月末にアメリカ合衆国南東部を襲った大型のハリケーン・カトリーナによって，ニューオーリンズでは市北部の湖や水路の堤防が決壊し，市内の陸上面積の8割が水没しました。そのため多くの家屋が破壊されました（写真参照）。

　ところで大雨による道路の冠水や住宅の床下・床上浸水はしばしば発生しています。特に道路が冠水した場合，道路と側溝との区別がつかなくなったり，下水のふたがはずれてしまったりして，人が流される事故が発生する危険性が高まります。道路が冠水してからは外を出歩かず，屋内にとどまるほうが安全です。

（3）暴風，高潮

　台風は大雨とともに暴風・強風をもたらします。風によって家屋が倒壊したり，飛散物が人に当たったりするなどの事故が発生しています。沿岸部では，低気圧による海面上昇と強風による吹き寄せ

「ハリケーン・カトリーナ」によって浸水し、被害を受けたニューオーリンズの店舗

によって高潮が発生します。そこに満潮が重なると一層潮位が高くなります。

(4) 竜巻

　竜巻は、積乱雲の発達に伴って発生します。日本では広い範囲で発生していますが、沿岸部での発生が多いという特徴があります。竜巻は激しい渦巻きであり、移動しながら経路にあるものを吸い上げ、破壊していきます。竜巻が発生する兆候としては、急に黒い雲が近づき、雷が発生したりします。また大粒の雨が降ったり、雹が降ったりすることもあります。竜巻の被害を避けるには、できるだけ頑丈な建物に入り、窓やカーテンを閉めて、窓のない部屋に避難します。飛散物から身を守るために、机やテーブルの下に避難するのが安全です。

(5) 落雷

　落雷事故は日本では珍しいことではありません。登山やハイキング、あるいはゴルフなど、屋外での活動中に落雷による死傷事故が発生しています。また海岸のように、身を守る場所が少ない状況でも発生しやすいという特徴があります。1996年にはサッカーの試合中の高校生に落雷した事故が発生しています。屋外スポーツでは、落雷の危険性を認識しておく必要があります。

(6) 気象災害への対応

　気象災害が地震災害と大きく異なるのは、警報や注意報など気象庁が発表する気象情報を利用できる点です。気象情報を避難の判断とするなど、いかに有効利用するかが、対応の最も重要な点です。

　2013年、これまでの警報と注意報の他に、「特別警報」を新設することが決まりました。「注意報」は災害の恐れがあるとき、「警報」は重大な災害の恐れがあるときに出されますが、「特別警報」は重大な災害の恐れが著しく大きいときに出され、自治体は住民への伝達義務があります。

<参考文献>
1) 気象庁：『局地的大雨から身を守るために』：2011年
2) 気象庁：竜巻から身を守るために「竜巻注意情報」：2012年

コラム Column ①

避難行動の誤解

　もし，今地震が発生したらどうしますか？　机の下にもぐる……。正解です。しかし，もしそばに机がなかったらどうしますか？

　前述のように，これまでの学校の避難訓練とは，児童が教室にいる時間帯に地震が発生するという前提で行い，直後に机の下に身を隠し，揺れがおさまった後に校舎外に避難するというものでした。しかし，必ずしも教室に子どもたちがそろっているときに地震が発生するというわけではありません。したがって，いつでも机の下にもぐることができるとは限りません。

　東日本大震災では，すでに一部の児童らが下校した後に地震が発生しています。通学路で地震にあった児童も数多くいました。いつどんな場所で地震が発生しても，最も安全な行動をとることができるのが理想です。これが後で述べる危険予測・回避能力なのです。

　また揺れがおさまった後に，どのように行動しますか。一般的な避難指導では，いわゆる「『おはしも』の約束」[注1]を守ることを指導している学校が多いのではないでしょうか。「『おはしも』の約束」とは「押さない」「走らない」「しゃべらない」「戻らない」を表す言葉として知られています。二次避難の約束として，日本中の学校で用いられていますが，本当にいつでも適用できるのでしょうか。

　例えば，地震発生に伴う津波が迫っているときには，1秒でも早く安全な場所に避難しなければなりません。走らなければならないわけです。もちろん「戻らない」は避難行動では重要ですが，「『おはしも』の約束」によって安全に避難できるのは，地域性などの条件があるのです。

　災害が発生したときに最も安全な行動を選択することは，簡単ではありません。あらかじめ避難の約束を作っておくことで，迷わず行動することが可能となりますが，約束がいつも安全な行動に結びつくとは限らないのです。場所，時間，天候などによって災害の危険は変わってきます。どのような場合でも最も安全に行動するためには，1人ひとりが適切な危険予測・回避能力を身につけていなければならないのです。

地震が起こるのはいつも
授業中とは限らない！

海の近くにいるときに
地震が起こるかもしれない！

注1）
「走らない」を「駆けない」に変えた「『おかしも』の約束」を使うこともあります。

第3章

防災教育の考え方と進め方

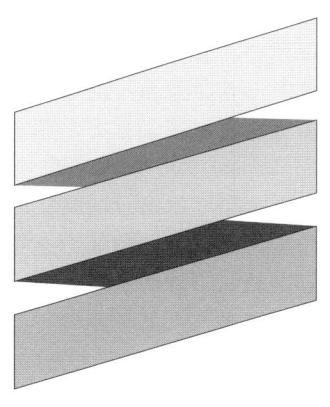

1 危険予測・回避能力と防災教育

(1) 防災教育と危険予測・回避能力

中央教育審議会による「幼稚園，小学校，中学校，高等学校及び特別支援学校の学習指導要領等の改善について（答申）」（2008年1月）では，安全教育については「自他の危険予測・危険回避の能力を身に付けることができるようにする観点から，発達の段階を踏まえつつ，学校の教育活動全体で取り組むことが重要である」と述べられています。

危険予測・回避能力は，近年の安全教育において最も重要な概念ですが，前述の有識者会議の中間とりまとめでも「自らの危険を予測し，回避する能力を高める防災教育の推進」が取り上げられ，「災害発生時に，自ら危険を予測し，回避するためには，自然災害に関する知識を身に付けるとともに，習得した知識に基づいて的確に判断し，迅速な行動を取ることが必要である」と説明されています。

では，危険予測・回避能力とはどのようなものでしょうか。

(2) 危険予測・回避能力とは

危険予測能力とは，危険が存在する場面において，行動する前に危険を知覚し，それが身に迫る危険であるかどうか，重大な結果を招くかどうかを評価する能力といえます。また危険回避能力とは，危険予測に基づいて迅速かつ的確に，より安全な行動を選択する能力であるといえます。特に心身に大きな被害をもたらすことが明らかであり，ときには命を落とすような危険が存在する場合には，より安全な行動選択によって，確実に危険を回避することが必要となります。

もちろん実際にはほぼ同時に危険予測・回避を行わなければならないものであり，2つの能力を明確に区別することは困難です。しかし，安全教育では両者を区別することで，学習内容を明確にすることができます。

危険予測と危険回避を，先に述べた「知識の習得」，「的確な判断」のそれぞれの段階で整理すると，表1のようになります。

危険予測に関する知識の習得では，危険そのものの基礎・基本を学びます。ここでは「場所・時間（季節）」と「行動」の視点が重要です。「場所・時間（季節）」とは，事件・事故が起こりやすい場所と時間（あるいは季節）があるということです。地震災害でいえば，物が「落ちてくる・倒れてくる・移動してくる」場所が危険であるというのが基礎・基本になります。交通事故や犯罪のように，自然災害では「起こりやすい時間」というのはありませんが，気象災害には「起こりやすい季節」があります。

また災害が発生したときの危険とは，災害の発生場所へ戻るとい

[表1] 危険予測と危険回避

	危険予測	危険回避
知識の習得	危険な場所，危険な行動，危険な状況変化に関する知識	危険の回避方法に関する知識
的確な判断	危険なもの（こと）は何か，なぜ危険なのか	最も適切な危険回避の方法は何か

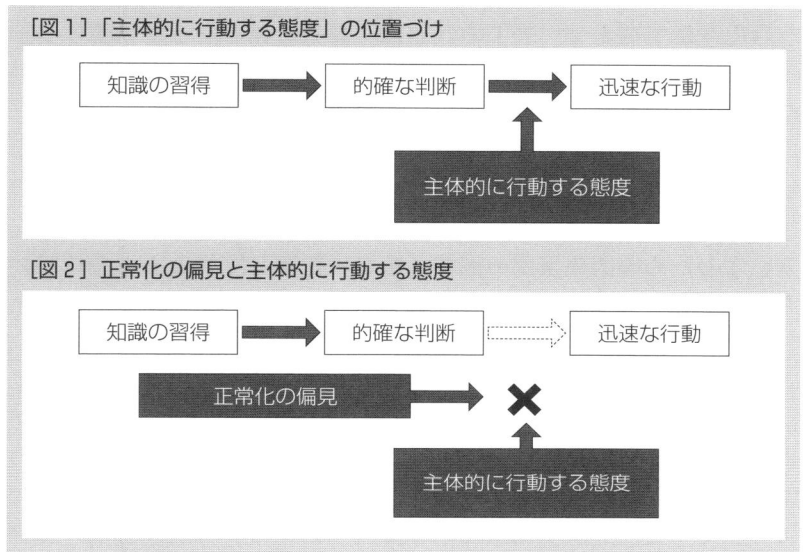

う「行動」，好奇心で災害の発生した場所へ行くという「行動」があげられます。危険回避に関する知識の習得は，災害発生時にとるべき安全な行動はもちろん，災害発生に対して備えるべき事柄も含まれます。

　的確な判断の段階では，自分の周囲で発生する可能性のある災害を取り上げ，習得した知識を当てはめる学習を行います。すなわち，習得した知識を活用して，思考・判断することであり，応用力を高めることです。

（3）主体的に行動する態度

　先の有識者会議・中間とりまとめでは「日常生活においても状況を判断し，最善を尽くそうとする『主体的に行動する態度』を育成する必要がある」と説明されています。

　ここで「主体的に行動する態度」という表記が使われていますが，身につけた知識や判断力を避難行動のような迅速な行動につなげるための態度の育成が必要であることを示しています（図1）。災害発生のメカニズムや適切な避難方法について理解していることはもちろん重要ですが，それがいざというときに行動へ移せるとは限りません。そのために「主体的に行動する態度」の育成が必要となるのです。

　コラム③（P.54）で述べている「正常化の偏見」は，主体的に行動する態度を妨げるもののひとつといえるでしょう（図2）。

2 防災教育を教育課程にどう位置づけるか

（1）教科と防災教育

　文部科学省が実施した「学校安全の推進に関する計画に係る取組状況調査（平成23年度実績）」では，災害安全についての指導実態が報告されています。表1の数値は，調査対象となった全国の小学校21,053校の，教育時間ごとの実施割合です。学校行事や学級活動など特別活動で指導を行っている学校が多いことがわかります。

　教科では，自然災害の実態や防災活動について，学習指導要領に位置づけられています。例えば社会科では，第3学年，第4学年において「地域社会における災害及び事故の防止について，人々の安全を守るための関係機関の働きとそこに従事している人々や地域の人々の工夫や努力を考えるようにする」とあり，第5学年でも国土の保全との関係や情報化した社会という視点から自然災害が取り上げられています。同様に理科においても，気象，火山噴火，地震について取り上げられています。体育科保健領域では，「けがの防止」として交通安全や防犯が取り上げられており，防災についての内容は位置づけられていませんが，発展的に防災を取り上げることは可能ですし，危険予測・回避や応急手当てという視点では体育科保健領域は適切な教科といえるでしょう。

　前述の有識者会議・中間とりまとめでは，防災教育の教育課程での位置づけについて，次のように記載されています。

　「各学校においては，教科や特別活動における指導も含め，学校教育活動全体を通じて家庭や地域と連携を図りながら，児童生徒等の発達の段階に応じた系統的な指導の充実のため，その体制整備や実施する時間の確保等が必要である」

　「特に理科や社会，保健体育等の各教科において地震の原因や，災害発生時の関係機関の役割，応急手当等の指導内容が含まれており，自然災害に関する正しい知識を習得させることが重要である」

　このように各教科では，自然災害と防災について多様な視点から学ぶことができます。

（2）体験的な学習と避難訓練

　しかし，危険予測・回避能力についての説明でも触れましたが，知識の習得だけではなく，的確な判断につながる学習，すなわち知識を活用し，応用する学習が必要です。その視点から特別活動や総合的な学習の時間が防災教育において重要な役割を果たしているといえます。

　例えば，学級活動の中の安全指導では，各地域で想定される災害を取り上げたり，より実践的な内容を学んだりすることが可能です。

　また避難訓練は学校行事として行われることが多いと思いますが，机の下にもぐる訓練や「おはしも」の約束を守ることだけを学習す

[表1] 災害安全の指導時間（小学校）

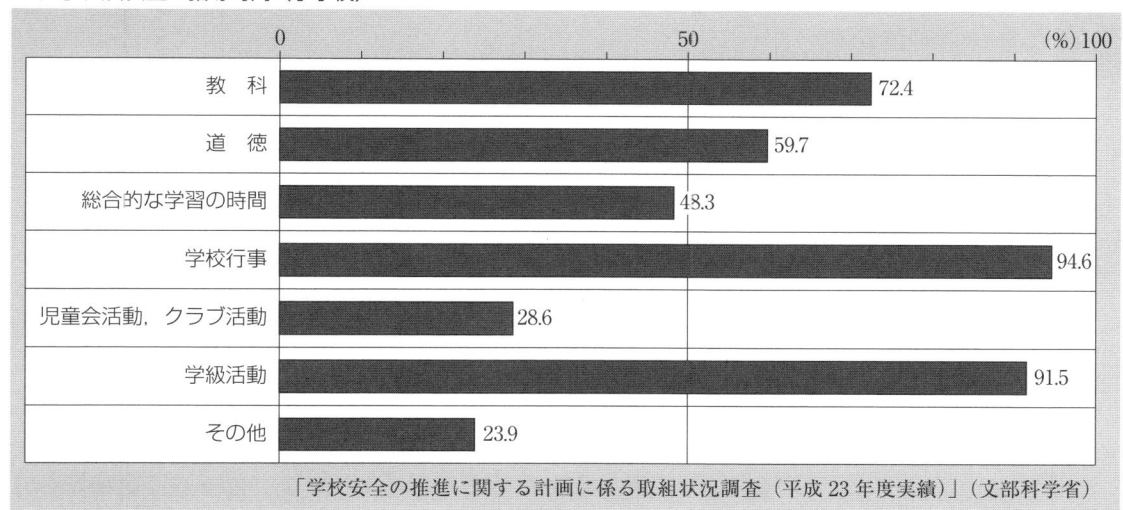

「学校安全の推進に関する計画に係る取組状況調査（平成23年度実績）」（文部科学省）

るのであれば、習得した知識を活用することにはなりません。本書の学習指導案（P.56-75参照）でも取り上げているように、児童自身が危険予測・回避する学習を盛り込む必要があります。

　地震が発生する状況を変えて避難訓練を行うこともひとつの工夫です（P.72の指導案付-1参照）。場所を特別教室や体育館に変えて、そこで地震が発生したという設定にします。その場所で転倒物や落下物から身を守る行動をとっさに考えなければなりません。

　また登下校中に地震が発生した場合、ブロック塀が崩れたり、自動販売機が倒れたりすることが想定されます。さらに看板や割れた窓ガラスが上から落下してくる危険性もあります。そのため、児童生徒自身が通学路の危険を避け、安全な場所に移動するという避難訓練が必要となります。

　校外学習では、学内とは異なる危険の発生が想定されます。公共交通機関を使って移動している場合には、帰宅困難という状況も発生するでしょう。この場合は学校の危機管理の課題でもありますが、児童生徒が落ち着いて安全に行動するためには、校外学習中で災害に遭遇した状況についても学んでおくべきでしょう（P.74の指導案付-2参照）。

　総合的な学習の時間では、以上述べた内容を系統的に取り上げることができるでしょう。もちろん教科との関係を重視し、それぞれの学年で学ぶべき内容を位置づけること、すなわち系統性を意識することが大事です。

　実は、以上で述べた避難訓練の多くは、実際に一部の学校ですでに行われているものであり、決して実施が困難なものではありません。教科等で身につけた知識を活用するためにも、避難訓練を充実させ、児童生徒の危険予測・回避能力を育てましょう。

3　地域と防災教育

（1）防災は地域と学校の共通課題である

　文部科学省から発刊された学校防災参考資料（平成25年）には，次のような記載があります。

　「防災教育は，地震など共通に指導すべき内容と学校が所在する地域の自然や社会の特性，実状等に応じて必要な指導内容等について検討し，家庭，地域社会との密接な連携を図りながら進める必要がある」

　いうまでもなく，防災は学校だけの課題ではありません。そのため，常に地域とのつながりを意識することが大切です。現在，学校現場に即した助言ができるように，学校安全計画や避難訓練等を外部有識者がチェック・助言する体制が整備されている学校が増えつつあります。先の「学校安全の推進に関する計画に係る取組状況調査（平成23年度実績）」（文部科学省）によると，小学校ではこの割合はまだ25.6％にとどまっていますが，今後増えると考えられます。

（2）学外講師を招くうえでの注意

　学外の専門家を招いて防災教育を推進することも考えられます。いわゆる出前授業などがそのひとつであり，交通安全や防犯の領域ではすでに多くの成果をあげていますし，防災も同様です。ただしその際，学校側が意識しておくことがあります。

　ある学校では，防災教育の計画を立て，学外講師を招くことになりました。学外講師としては，過去に地域で被災したり，地震・津波災害への対応にかかわったり，被災地でボランティアとして活動したりしたことがあるなどの体験者が候補にあがりました。このような取り組みをしている学校は少なからずあると思います。

　確かにこのような学外講師の貴重な体験話から学べることは少なくないと思われます。しかしそれが，そのまま学校の防災教育といえるでしょうか。防災教育の内容とするためには，実際に起きたこと（素材）を児童へそのまま伝えるのではなく，教育内容として再構成する必要があります。児童生徒がそこから何を学び，何を身につけるかを明確に示すことがなければ，防災教育としては不完全でしょう。

　学外講師を招く前に，教師自身が地域の災害や防災について学ぶ必要があります。

（3）地域に関連した防災教育を行う前に

　防災教育を行ううえで，教師が地域の災害情報を知ることはたいへん重要です。過去に発生した災害やこれまでの防災活動，今後必要とされる対策などについての情報は，教材としても有益です。これらを教師が学び，何を教材として伝えていくかを考える必要があります。

[写真1]
防災教育の副読本
（仙台市教育委員会）

　地域の災害情報はさまざまなところにあります。災害メカニズムについては多くの書籍が入手可能であり，またインターネットを通じても容易に学ぶことが可能です。教育センターで研修が行われる場合もありますが，大学や博物館などの研究機関の中には，学校関係者を含め一般向けにセミナーや公開講座を実施している場合があります。そのような機会は貴重な研修の場となります。また地元の大学に地球物理学等の講座がある場合には，協力を仰ぐことが可能です。
　このような研究機関や防災専門図書館のように防災に特化した資料が整備されている場所以外では，地域の図書館などで収集することができます。また郷土資料館にも災害情報が蓄積されている場合も少なくなく，災害について詳しい情報をもつ学芸員を講師として招いて研修を行うことも可能でしょう。
　防災教育に関しては，地元の消防署も重要な情報源です。ホームページ上からも情報を得ることができますが，災害に強い町づくりをテーマにした講習を開催している場合もあるので，ぜひ活用してください。

（4）地域の災害を取り上げた教材
　東日本大震災以降，学校防災マニュアルや授業のための副読本を開発する自治体が増えています。これらの中には地域の内容を多く含んだものが少なくありません。
　例えば，写真1は仙台市教育委員会が作成した防災教育の副読本です。この中には地震や津波の発生のしくみ，避難方法あるいは応急手当てなど防災教育として普遍的な学習内容も含まれていますが，被災後の町の様子，避難所での活動，児童の作文など，仙台市の防災や復興にかかわる内容を数多く掲載しています。単に伝承するのではなく，教材化されているわけです。地域の防災教育では，今後このような教材が増えていくことでしょう。

4 安全・安心な社会づくり

(1) 自助，共助，公助

　防災教育は，まずは自分や身近な人々の身を守ることが重要な学習内容ですが，それだけが学習内容ではありません。

　2012年4月に文部科学省から発表された「学校安全の推進に関する計画」には，次のような記述があります。

　「進んで安全で安心な社会づくりに参加し，貢献できる力を身に付ける教育を進めていくべきであり，自助だけでなく，共助，公助（自分自身が，社会の中で何ができるのかを考えさせること等も含む）に関する教育も重要である。その上で，家族，地域，社会全体の安全を考え，安全な社会づくりに参画し，自分だけでなく他の人も含め安全で幸せに暮らしていく社会づくりを目指すところまで安全教育を高めていくことが望ましい」

　すなわち，安全・安心な社会づくりが安全教育に位置づいているわけです。

　また学校防災参考資料（2013年）には，「自他の生命を尊重し，安全で安心な社会づくりの重要性を認識して，学校，家庭及び地域社会の安全活動に進んで参加・協力し，貢献できるようにする」ことが，防災教育のねらいのひとつとしてあげられています。

　ところで，これまで述べてきた危険予測・回避能力は，基本は自助と共助にかかわる部分と考えられます。安全・安心な社会づくりに参加・協力するとはどのようなことでしょうか。

(2) 支援者としての役割

　阪神・淡路大震災後の教育現場の実態についての資料「震災を生きて」（兵庫県教育委員会編集・平成8年）には，子どもたちの震災体験が数多く載せられています。その中には子どもたちが行ったボランティア体験も含まれています。ある高校生は年少の子どもたちに紙芝居をすることを通して，「必要とされることの喜び」を感じたことを記しています。支援者になることは，子どもたちの成長にとって大きな意味をもちます。このような体験は，将来安全な社会づくりへ進んで参加することにつながり，安全を優先する文化を身につけることになります。

　東日本大震災でも，災害発生直後から災害弱者に対する支援者として中学・高校生が果たした役割はとても大きかったと思います。マスコミも被災地でのボランティア活動を大きく取り上げていましたが，大人だけではなく中学生や高校生も参加し，大きな力となっていることがわかりました。小学生も，避難所で低年齢の子どもたちの面倒をみたり，お年寄りの話し相手になったりなど，自分自身も被災しながら，周りの人たちの手助けをしていました。

　もちろん被災地から遠く離れている小学生が，直接被災地に行っ

てボランティア活動をすることには無理があるでしょう。しかし小学生にとって，被災地に行かなくても自分ができることを探すことも大事な学習といえます。例えば，新聞やテレビ，インターネットなどを活用して情報を集め，話し合い，支援者としての児童の関心や意欲を高めていくことがあげられます。東日本大震災では，被災地外から多くの教員がボランティアとして被災地に入っていますが，そのような教員から話を聞く機会があれば，ぜひ活用するとよいでしょう。

　ボランティア活動以外にも，安全・安心な社会づくりにつながる学習があります。東日本大震災では，直接地震や津波の被害がなかった地域でも大きな混乱がみられました。特に水や食品を必要以上に買いだめすることは大きな社会問題となりました。また災害時にはよく起こることですが，まちがった情報がチェーンメールによって流されたこともありました。このような行動が，周囲の人々の生活にどのような影響を及ぼすのかを学ぶ意義は大いにあると思います。そして，このような学習も安全・安心な社会づくりにつながっていきます。

（3）支援者となる前提

　支援者となることは，公助の部分に位置づいているのですが，そのためには重要な前提があります。それは児童生徒自身の安全が確保されていなければならないという前提です。つまり自ら危険を冒して人々の役に立つということではないのです。

　人の役に立つことはとても大事なことです。しかし，そのために自分の命を失うことにつながってはいけません。危機的な状況で自分を危険にさらして他者を救済しようとする行動は，愛他行動とよばれます。愛他行動は必ずしも称賛されることではありません。自分が危険を冒すことで，その自分を助けようとする別の人を危険にさらす可能性もあります。したがって，あくまでも自分自身の安全が確保された状況で，支援者として活動するべきです。

　小学生でも支援者になれます。しかし，まずは自分の安全を確保できること，そのうえで周囲の人々の安全を守ることができることが重要です。つまり自助と共助が安全教育で扱う中心的内容であり，公助については，その意義と活動について理解することが学習内容として位置づけられると思います。

コラム Column ②
過去の教訓を活用する

　日本はこれまで数多くの災害を経験してきました。それらをとおして，人々は地震や津波に関する多くの教訓を記録として後世に残してきました。そしてそれらの中には，今なお防災教育のうえで役立つものがみられます。

　2004年のスマトラ島沖地震の後，日本のある文学作品が注目されました。小泉八雲の作品を中井常蔵が翻訳・編集した「稲むらの火」（1934年）です。この作品は，安政南海地震で発生した大津波から人々を救った紀州の濱口梧陵の実話に基づくものです。第二次世界大戦をはさんで，1937年から1947年まで国定国語教科書に取り上げられていましたが，近年再び教科書で取り上げられるようになり，話題となりました。

　そもそも「稲むらの火」は，主人公五兵衛の人道的行為を中心としたもので，必ずしも防災の手立てを伝えたものではありません。しかし，津波に対する五兵衛の迅速な判断と対応は，津波対策を学ぶうえで効果的な教材として評価されています。

　また東日本大震災の直後から，「津波てんでんこ」という言葉がメディアでしばしば取り上げられました。こちらは比較的新しい標語ですが，「津波が来たら，各自がてんでんばらばらに逃げろ」という意味をもっており，1人ひとりが安全な避難行動をとれば，結果として全員が助かるというわけです。

　もちろん，すべての教訓や標語が正確とは限りません。例えば「稲むらの火」では，津波が発生する前に海底が見えるほど海水が引いていく状況が記されていますが，津波の前に必ずしもそのような状況になるわけではありません。また「グラッときたら火の始末」という標語がかつて使われていました。関東大震災での火災が，調理による火の使用によって発生したことから長く使われていたと思われますが，今は揺れている最中は火に近づかないことが原則です。

　過去の伝承，教訓，標語には現代でも通用するものが数多くあります。防災教育でも役立つと思いますが，正確さの点からよく見直して使う必要があるでしょう。

第4章

防災教育の実際　ワークシートと指導案

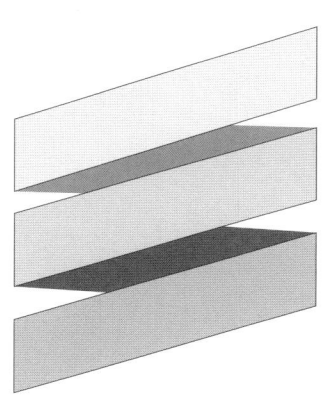

？ 考えよう

学校で地震が起きた！さあ，どうする？

今日も楽しい学校生活。そのときとつぜん，地震が起きました。
さあ，みなさんはどうしますか？
教室や体育館など，いろいろな場面で考えてみましょう。

①もし教室にいたら？

②もしろうかにいたら？

③もし体育館にいたら？

④もし校庭にいたら？

❗ 解答例

みんなはどう答えたかな？
自分の答えとくらべてみて，
正しい知識を身につけるようにしましょう。

①もし教室にいたら

・机の下にもぐり，机のあしをしっかりとつかみます。

②もしろうかにいたら

・窓ガラスからはなれて，低い姿勢でしゃがみ，両手で頭を守ります。

③もし体育館にいたら

・落下するものからはなれて，低い姿勢でしゃがみ，両手で頭を守ります。

④もし校庭にいたら

・建物からはなれて，まわりに物がない場所で，ゆれがおさまるのを待ちます。

✦ ポイント

　地震が起こると，まわりの物が落ちてきたり，倒れてきたり，キャスター（車輪）がついている物が移動してきたりして，けがの原因になることがあります。すぐに安全な場所に移動して，身を守るようにしましょう。
　「落ちてこない，倒れてこない，移動してこない」場所へひなんすることが合言葉です。

「落ちてこない，
倒れてこない，
移動してこない」
場所へ，が合言葉！

◆関連 p.56〜59「学習指導案例−1」

? 考えよう

通学中に地震が起きた！さあ，どうする？

地震は建物の中にいるときに起こるとはかぎりません。
もし通学中に地震が起きたらどうしますか？
いろいろな場面を思いうかべて考えてみましょう。

上の絵のような場面で考えられる危険と，身の守り方を書いてみましょう。

❗ 解答例

みんなはどう答えたかな？
自分の答えとくらべてみて，
正しい知識を身につけるようにしましょう。

①ブロックべいが倒れてくる！

②自動販売機が倒れてくる！

③看板や窓ガラスが落ちてくる！

④電柱が倒れてくる！

　このほかにも，上から落ちてくる物，倒れてくる物，移動してくる物などはたくさんあります。いつもの通学路で探してみて，危険を予測してみましょう。

◆ ポイント

　登校中や下校中などに地震が起きたときでも，ひなんのしかたや，身の守り方は学校にいる場合と同じです。
　「落ちてこない，倒れてこない，移動してこない」場所へひなんすることが重要です。

登下校中でも，
「落ちてこない，
倒れてこない，
移動してこない」
場所へ，が
合言葉！

◆関連 ☞ p.56〜59「学習指導案例−1」

35

❓ 考えよう

落ちてくる物，倒れてくる物，移動してくる物を探そう！

わたしたちの身のまわりには，地震のときに落ちたり，倒れたり，移動したりして，けがの原因になる物がたくさんあります。
どんな物があるか，学校と家庭の中から探してみましょう。

	落ちてくる物	倒れてくる物	移動してくる物
【学校】			
【家庭】			

解答例

みんなはどう答えたかな？
自分の答えとくらべてみて，正しい知識を身につけるようにしましょう。

【学校では】

① 落ちてくる物……高い所についているテレビなど。

② 倒れてくる物……本だなやロッカーなど。

③ 移動してくる物……固定していないピアノなど。

【家庭では】

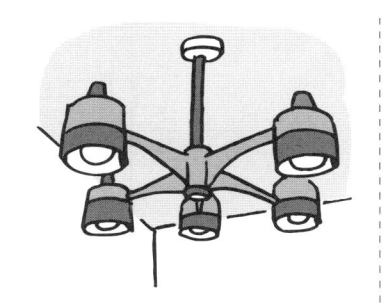

① 落ちてくる物……照明や掛け時計など。

② 倒れてくる物……タンスや食器だななど。

③ 移動してくる物……冷蔵庫など。

ポイント

わたしたちの身のまわりには，地震の激しいゆれによって，落ちてくる物，倒れてくる物，移動してくる物がたくさんあります。

地震が起きたときには，すぐにこれらの物から身を守ることが大切です。ふだんから，自分の身のまわりの物に注意して，地震が起きたとき，これらの物がどういう動きをするかを前もって予測し，動かないように金具などで固定するなどのくふうも大切です。

家具が倒れてこないようにするくふう

? 考えよう

「緊急地震速報」って，何？
きいたこと，ありますか？

緊急地震速報を知っていますか？ 地震のゆれを感じていなくても，テレビから緊急を知らせる音とともに，「緊急地震速報です」と放送が流れることがあります。そのとき，あなたはどうしますか？

ピロンポロ〜ン
ピロンポロ〜ン

①緊急地震速報とは何だと思いますか？

_____

_____

_____

②緊急地震速報が流れたら，どうすればよいでしょうか？

_____

_____

_____

解答例

みんなはどう答えたかな？
自分の答えとくらべてみて，正しい知識を身につけるようにしましょう。

①緊急地震速報とは？

緊急地震速報とは，地震の発生直後に，各地へ強いゆれが到達する時刻や震度を予想し，可能なかぎりすばやく知らせる警報のことをいいます。

強いゆれがくる前に，自分の身を守ったり，列車のスピードを落としたり，工場で機械の動きをおさえたりするなどの活用がされています。

②緊急地震速報が流れたら

緊急地震速報が流れたら，地震のゆれを感じたときと同じように「落ちてこない，倒れてこない，移動してこない」場所へひなんします。ゆれが到達していなければ，ドアを開けて出口を確保しておきます。火を使っていればすぐに消しますが，もしゆれ始めた場合は，むりに火を消そうとしてはいけません。やけどをすることがあります。ゆれがおさまってから，落ち着いて消すようにします。

ポイント

緊急地震速報とは，震源地の近くの地震計が，最初に伝わる小さなゆれ（P波）をとらえると，次に伝わってくる大きなゆれ（S波）が到達する前に，震源地や震度などを自動計測して知らせるものです。緊急地震速報が発表されてから大きなゆれが到達するまでには，数秒から数十秒しかありません。その間に身を守るための行動をとらなくてはなりません。そのためには，訓練などを通じて，ひなん行動を身につけておくことが大切です。

緊急地震速報は，テレビや携帯電話，防災無線など，さまざまなものから流れてきます。

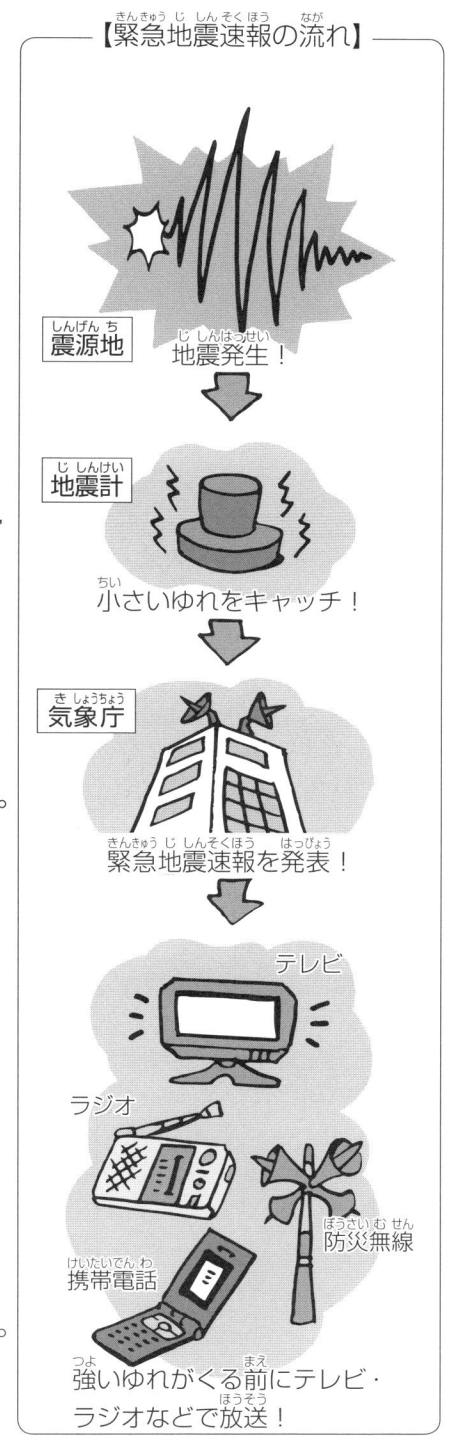

【緊急地震速報の流れ】

震源地 — 地震発生！
↓
地震計 — 小さいゆれをキャッチ！
↓
気象庁 — 緊急地震速報を発表！
↓
テレビ・ラジオ・携帯電話・防災無線 — 強いゆれがくる前にテレビ・ラジオなどで放送！

？ 考えよう

津波がくる！さあ，どうする？

地震が起こると，海の近くでは津波が発生する危険があります。その場合はどうしたらよいでしょうか？
海や海岸で遊んでいる場面を思いうかべて考えてみましょう。

「ゆれた！」　「ゆれた？」

津波がきそうだ！　どこににげる？

解 答 例

みんなはどう答えたかな？
自分の答えとくらべてみて，正しい知識を身につけるようにしましょう。

○ できるだけ早く，高い場所へ

津波から身を守るためには，できるだけ早く高い場所へひなんすることです。津波警報が発表されたり，ひなんの放送があったりしたら，すぐにひなんすることが重要です。たとえひなんの放送がない場合でも，海の近くでゆれを感じたり，ゆっくりとしたゆれが長く続いたりした場合は，すぐに高い場所にひなんしましょう。

すぐに高台へひなんする。

ポイント

津波は地震によって発生しますが，必ずしも強いゆれのときだけに発生するわけではありません。震源地が遠くはなれている場合でも津波がおそってくることがあります。1960年に発生したチリ地震では，地震発生から約1日過ぎてから最大6mを超える津波におそわれました。2010年のチリ地震でも，東北地方沿岸では2m近い津波が確認されています。

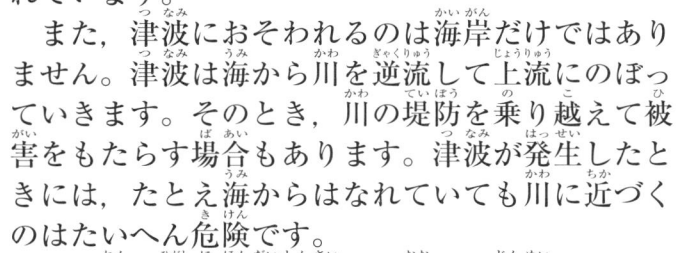

また，津波におそわれるのは海岸だけではありません。津波は海から川を逆流して上流にのぼっていきます。そのとき，川の堤防を乗り越えて被害をもたらす場合もあります。津波が発生したときには，たとえ海からはなれていても川に近づくのはたいへん危険です。

2011年の東日本大震災では多くの人命がうばわれましたが，その主な原因は津波によるものです。津波は陸に到達してからも非常に速く進むので，津波を見てからにげるのでは間に合いません。津波が到達する前にひなんすることが重要です。

津波は何度もくり返しておそってきます。必ずしも最初の津波が最も大きいとはかぎりません。津波警報が解除されるまでは，安全な場所でひなんを続け，引き返してはいけません。

近くに高台がない場合は，高い建物の上の階へひなんする。

日本
太平洋
チリ

日本とチリは，こんなにもはなれているけれど……。

? 考えよう

大雨の日の通学路。どんな危険があるだろう？

大雨の中を通学しています。道路は下の絵のように，がけと川にはさまれています。雨はやみそうにありません。どんな危険が考えられるでしょうか？

川やがけはどうなるか？　考えられる危険を書いてみましょう。

①川

②がけ

解答例

みんなはどう答えたかな？
自分の答えとくらべてみて，正しい知識を身につけるようにしましょう。

①川……川の水があふれる。道路が水につかってしまう！

大雨で川の水があふれたり，道路が川のようになったりしてしまうことがあります。川と道路が区別できずに，誤って川に落ちてしまうこともあり，たいへん危険です。

②がけ……土砂くずれが起こる！

雨が降り続けると，山やがけがくずれて道路をふさいだり，道路そのものがくずれてしまうことがあります。

ポイント

大雨が降り続けると，雨そのものによる被害はもちろん，地盤がゆるんで，土砂くずれをまねくこともあります。また，今は雨がやんでいても，川の上流で降った雨によって，川が増水することもあります。気象情報に十分注意して行動することが大切です。

◆関連☞p.68〜71「学習指導案例－4」

？ 考えよう

かみなりがきそうだ！どうしたらいいのだろう？

友達と広場で遊んでいたら，遠くでいなびかりが見えました。空もしだいに暗くなって，ゴロゴロとかみなりが鳴っているのが聞こえます。どうすればよいか考えてみましょう。

外にいるときと，家の中にいるときについて，どうすればよいか考えてみましょう。

【外にいるとき】　　　　　　　　　　【家の中にいるとき】

解答例

みんなはどう答えたかな？
自分の答えとくらべてみて，正しい知識を身につけるようにしましょう。

①体を低くして高い木からはなれる。

②自動車の中に入る。

③建物の中に入る。

④建物の中では電気製品からはなれる。

ポイント

　かみなりは高いところに落ちてきます。電柱やビルなどの高い物体のてっぺんを45度以上の角度で見上げ，4m以上はなれたところにひなんします。高い木の近くは危険ですから，木の幹，枝，葉から2m以上はなれます。家の軒先で雨宿りをするのも危険です。もし建物に落雷した場合，建物の表面を電気が流れるので感電する危険があるからです。建物の中に入って，電気製品から1m以上はなれれば安全です。また，近くに自動車があれば，自動車の中も安全です。ひなんする場所がない広場などでは，地面に身をふせます。

　昔から，身につけている金属を外すとよいといわれてきましたが，落雷の危険を減らすものではありません。

かみなりは，遠くのように思えても，自分のそばに落ちることがあります。
いなびかりが見えたり，かみなりが鳴り始めたりしたら，すぐにひなんしましょう。

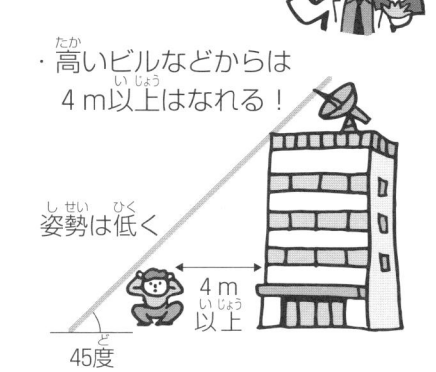

・高いビルなどからは4m以上はなれる！

姿勢は低く
4m以上
45度

? 考えよう

午後は大雨の天気予報。ハイキングに行きますか？

今日は前から楽しみにしていたハイキング。友達がむかえにきてくれました。今はいい天気ですが……。これから、どんな危険が考えられますか？　あなたならハイキングに行きますか？

「でも、天気予報では大雨になるらしいよ……」

「晴れているから、だいじょうぶ！早くいこうよ」

✎ ハイキングに出かけたときの、予測される危険を書いてみましょう。

解答例

みんなはどう答えたかな？
自分の答えとくらべてみて，正しい知識を身につけるようにしましょう。

○予測される危険

・天気のよい日なら，見晴らしのよい景色と足元にさき乱れる花などを楽しめるハイキングコース。しかし，とつぜんの大雨でびしょぬれに。折りたたみのかさを持っていても大雨や風が強いときは役に立ちません。雨が小降りになるまで雨をさけながら待ちます。雷雨の場合は，高い木の下での雨宿りは危険です。

・やっとハイキングコースの丘の上からおりてきたとしても，大雨で道路が水につかって，前に進めないかもしれません。水につかった道を進むのは危険です。水がひくまで待ちましょう。

・どうにか駅までたどりつきました。しかし，先ほどの大雨で電車が止まっていることが考えられます。電車が動き始めるのを待つか，親に連絡をして車でむかえにきてもらうのもいいかもしれません。どのぐらいで動き始めるかを駅員さんに聞くなどして情報を集め，早く安全に帰れる方法を見つけることです。

ポイント

天気予報をもとに，これからの天候の変化を予測して，より安全な行動を選ぶ（危険を回避する）ことを「危険予測・危険回避」といいます。目の前にある危険は気づきやすいのですが，これから起こることを予測するのはやさしいことではありません。もちろんハイキングに行かないという選択が最も安全ですが，もし行ったときのことを考えてみることも重要です。天気予報が雨でなくても，天候がとつぜん変わることもあります。危険な状況のもとでどのように行動するかを学んでおくことは，実際の危険回避行動につながります。

「こうなるかもしれない！」など，考えられる危険を予測し，「こうなったらどうする」かを考えて危険を回避する方法を見つけることは，実際の場面で大いに役立ちます。

◆関連☞p.60～63「学習指導案例−2」

？ 考えよう

情報を集めよう！
家族に知らせよう！

台風や大雨などの天気に関する情報や，地震や津波などの情報はどこで見つけることができるでしょうか。また，災害が発生したときの連絡はどうすればよいか考えてみましょう。

①天気に関する情報

_____

_____

②地震・津波の情報

_____

_____

③災害時の連絡

_____

_____

解 答 例

みんなはどう答えたかな？
自分の答えとくらべてみて，正しい知識を身につけるようにしましょう。

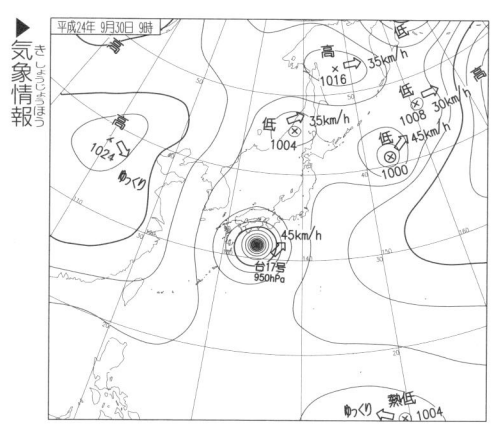

▶気象情報

▶津波の情報

①風雨やかみなりなどの情報

台風や大雨，大雪あるいはかみなりなどの情報は，気象庁が発表する「気象情報」から得ることができます。気象庁は，大雨や強風などの気象現象によって災害が起こるおそれのあるときに「注意報」を，重大な災害が起こるおそれがあるときに「警報」を発表して，注意や警戒を呼びかけています。

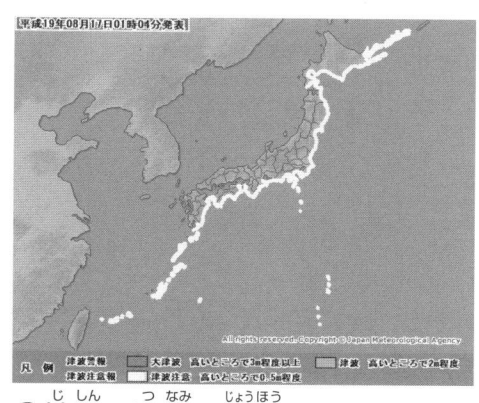

②地震・津波の情報

地震については，気象情報と同じような注意報・警報はありませんが，地震が発生したときの被害を想定することが行われています。これは地震対策を考えるのに役立つものです。
津波については，地震発生後に津波被害が予想される場合に，津波警報や津波注意報が発表され，津波の到達時刻や大きさについても発表が行われます。その情報に基づいて，適切なひなん行動をとります。

③災害用伝言ダイヤル（171）

災害発生時には多くの人が同時に電話を利用するため，電話がつながりにくくなります。災害用伝言ダイヤルは，家族の安全を確認するために利用できます。171に電話をつなぎ，利用ガイダンスにしたがって伝言の録音・再生を行います。また，公衆電話は，携帯電話などより災害時にはつながりやすくなっています。

ポイント

災害発生時には停電になることがしばしばあります。また電話も不通になることがあります。災害前あるいは災害発生時に災害の情報を集めたり，また自分から連絡をとったりするにはどうしたらよいか，家族と話し合っておくことが大切です。

おうちに帰るのが困難なときは……。

・上記①，②の画像は気象庁による。

? 考えよう

「避難計画」を考えよう！

地震や台風などで避難が必要になったことを想定して、家族の避難計画を立てておきましょう。また、避難のしかたや、家族との連絡方法などについて考えてみましょう。

① どこへ避難する？

② 家族との連絡方法は？

解答例

みんなはどう答えたかな？
自分の答えとくらべてみて，
正しい知識を身につけるようにしましょう。

①あなたの家の近くの避難場所

あなたの家の近くの一時避難場所，広域避難場所を探してみましょう。目印は上のマークです。

◆一時（いっとき）避難場所
火災や家の倒壊から一時的に避難する場所であり，近くの公園や広場など，敷地内に建造物のない場所が指定されています。

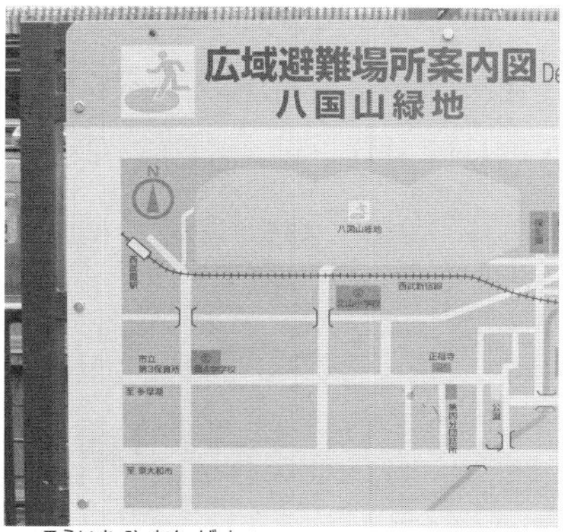

◆広域避難場所
大人数を収容できる避難場所で，一時避難場所が危険になった場合にここへ移動します。比較的広い公園などが指定されています。

◆収容避難場所……災害のために，一定期間の避難生活を行う施設であり，学校の体育館などが指定されています。

- 一時避難場所
- 広域避難場所

②どうやって連絡する？

「災害用伝言ダイヤル」も重要な連絡方法ですが，親せきや知り合いの人の家を連絡先にしておく方法もあります。家族で話し合って，連絡先を書いたカードなどを用意し，いつも身につけておくようにするとよいでしょう。

③家族の役割分担を！

家族で避難することになったときのことを考え，それぞれの役割を決めておくとよいでしょう。避難時の「安全確保係」（ガスの元せんを閉める，電気のブレーカーを落とすなど）「備蓄品の持ち出し係」「情報収集係」などを決めておくと，あわてなくてすみます。

◆ポイント

もし自宅が安全であり，避難勧告などがなければ，すぐに外の避難場所へ移動するのではなく，情報を集めながら避難の判断を行います。その際，自分の思いこみだけで判断するのは危険です。

◆関連 p.64〜67「学習指導案例-3」

? 考えよう

いざというときのために備えておきたい必要品を探そう！

災害時には，電気が使えない，水が出ないということもあります。そのために，何を用意しておけばよいのでしょうか。また，ひなんのときの「持ち出し用」の品物も考えてみましょう。

「これをわすれずに」

①家庭で備えておきたい物

②持ち出し用の品物

解答例

みんなはどう答えたかな？
自分の答えとくらべてみて，正しい知識を身につけるようにしましょう。

①家庭で備蓄するとよいもの（最低３日は過ごせるように）

◆非常食
・アルファ化米やレトルトのごはん，かんづめ，レトルトのおかず，インスタントラーメン，カップめん，チョコレート，クッキー，ビスケットなど。
・ミネラルウォーター

◆生活用品
・生活用水（ポリタンク），カセットコンロ，ガスボンベ，懐中電灯，電池，トイレットペーパー，ドライシャンプー，紙皿，ビニール袋，防水シートなど。
・手回し発電機，工具など。

（アルファ化米は，アルファ米ともよばれています。）

②「持ち出し用」として必要なもの，役立つもの

・印かん，現金，貯金通帳，救急箱，懐中電灯，ラジオ，電池，ライター，かん切り，ろうそく，ナイフ，衣類，ヘルメット，防災ずきん，手袋，毛布，ほ乳びん，インスタントラーメン，かんづめ，ビスケット，チョコレートなどの食品，水など。

ポイント

備蓄は，家族の分はもちろんですが，ペットを飼っている場合はペット用の非常食などの備蓄も必要です。また，冬には電気やガスが切れても寒さにたえることができるような準備をしておくことも重要です。

◆関連 p.64〜67「学習指導案例－３」

コラム Column ③
"正常化の偏見" とは何か

　災害についての正しい知識をもっていても，必ずしも安全な行動をとることができるとは限りません。災害時には正しい判断を妨げる考えがあらわれることがあるからです。

　そのひとつが「正常化の偏見」です。「東日本大震災を受けた防災教育・防災管理等に関する有識者会議」中間とりまとめ（2011年9月）では，「正常化の偏見」について次のように記載しています。

　「人間には自分にとって都合の悪い情報を無視したり，過小評価したりしてしまう心理的特性（正常化の偏見（バイアス））があるとされている。こうした心理特性も踏まえ，自らの命を守り抜くための『主体的に行動する態度』を育成するための教育手法を開発・普及する必要がある。このことは，防災教育に限らず，安全教育全体に関わる課題である」

　東日本大震災でも，津波災害から避難が遅れた原因のひとつに，「正常化の偏見」があったことがマスメディアで報道されています。「これまでもたいしたことはなかった」「ここまで被害が及ぶことはないだろう」「防災対策を行っているのだから，大丈夫だ」と自分を納得させてしまうことは，過去の自然災害においても指摘されてきたことです。

　「正常化の偏見」以外にも，「多数派同調バイアス」もあります。自分の判断よりも周囲の大多数の人たちに合わせてしまうという特性です。2003年に韓国で発生した地下鉄火災の際，車両内に煙が充満するという非常に危険な状況であっても，乗客が避難しないという光景がみられました。これは典型的な「多数派同調バイアス」があらわれた状況と指摘されています。

　ところで前述の有識者会議では「主体的に行動する態度」の育成が取り上げられました。ここで「主体的に行動する」とは，最悪の状況も想定して，最も安全な行動をとることに加え，人の判断に頼らず自ら行動することを意味します。それは率先避難者になることにもつながります。

　たとえ1000年に1回しか起こらない大災害であっても，地震による被害がほとんどない場合でも，いつでも確実に避難することが必要であることは，今回の大震災が教えてくれました。「正常化の偏見」や「多数派同調性バイアス」を克服することは大きな課題です。

「あっ，地震だ！」
「大丈夫，いつもたいしたことはないから」
……!?

④ 誤った情報に惑わされないために

Column　コラム

　東日本大震災では，直接被災した地域のみならず，日本全国で大きな混乱が発生しました。その原因のひとつが不適切な情報の氾濫とそれに伴う人々の行動です。災害発生時には，さまざまな流言が広がることがしばしば指摘されます。情報ネットワークが整った現代であっても変わりません。むしろ誤った情報が広がりやすくなったといえるかもしれません。

　例えば，事実とは異なる被害状況がチェーンメールやツイッターを通じて広がることがありました。また物資の不足などの情報が伝わり，それに基づく買い占めのような不適切な行動は，被害が少ないか，あるいはほとんどなかった地域でも広くみられました。

　災害時に限らず，さまざまな情報から正しい判断を導くためには，情報に対する批判的思考力をはたらかせねばなりません。批判的思考力をはたらかせるためには，1つの情報源だけを信用せずに，常に比較検討する姿勢が求められます。

　しかしながら，自分の目で確かめることのできない状況については，ネット上の情報を鵜呑みにしがちです。また目の前の食品が消えていたり，品薄の話が伝わったりすると，人々の不安は高まり，冷静な判断ができなくなります。阪神淡路大震災発生時に兵庫県に住んでいた筆者は，地震発生直後のスーパーで食品等が突然消えてしまうことを目のあたりにしました。そのときは，これがいつまで続くか不安になったものです。

　今回の震災は被害地域が広く，交通機関への影響も非常に大きかったため，混乱は広範囲にわたり長引きました。しかし，このような経験が子どもたちの記憶から薄れないうちに，災害に伴う情報のとらえ方を学ぶのは，情報リテラシーや情報モラルを高めるための絶好の機会だと思います。

　もちろん，自分のもっている知識では的確な判断ができない問題も発生しています。福島第一原発の事故で発生した放射性物質による大気，土壌，海水等の汚染については，専門家でも判断が分かれています。原発事故に伴う風評被害もまた，一般市民を混乱させることになりました。個人では判断が難しい災害では，行政による正確かつ迅速な情報伝達が求められます。

さまざまな情報源があるだけに，常に複数の情報のチェックが必要だ！

●自分で守ろう。自分のいのち●

学習指導案
例―1

使用するワークシート
☞ 本書32〜33ページ
☞ 同　34〜35ページ

学校で地震！　通学中に地震！さあ，どうする？

今日も楽しい学校生活，そのとき突然，地震が起きました。
地震は建物の中にいるときに起こるとは限りません。もし通学中に地震が起きたら……。さあ，みなさんはどうしますか？

1．テーマ
「自分で守ろう。自分のいのち」　学級活動・安全指導（低・中学年）

2．ねらい
○自分の身のまわりの災害に関する問題に関心をもち，進んで日常生活や安全の学習に取り組むことができるようにする。
○自分の命を守るために防災に関する課題について話し合い，自分に合ったよりよい解決方法について考え，判断できるようにする。

3．指導の工夫
（1）課題提示
○従来の防災教育でみられた，教室に児童がいる場合に地震が発生するなどの状況以外の場面を設定することで，災害はいつでも，どこでも起こることに気づかせる。
○避難の約束といった固定化した内容ではなく，児童自身が危険を予測，回避できることを目指し，教室だけではなく登下校中，校庭，体育館など学校の状況に応じた多様な場面設定のもとで考える。

（2）災害発生時の危険予測・回避の重要性を理解する
①地震によるけがは「落ちてくるもの・倒れてくるもの・移動してくるもの」によって起こることを理解し，それらをすばやく見つけて，「落ちてこない・倒れてこない・移動してこない」場所へ避難することを理解する。
②学校，家庭，通学路などで，もし地震が発生したらと想定し，前述の原理原則に基づいて危険予測・回避ができるようにする。

（3）学習形態
○基本的には全体指導とするが，児童の主体的な発言を促すような発問を入れるようにする。

図書室や特別教室など，教室以外の場所で授業を行うのもひとつの工夫である。

4．評価規準

関心・意欲・態度	思考・判断・実践
身のまわりの災害に関する問題に関心をもち，進んで日常生活や安全の学習に取り組もうとしている。	自分の命を守るために防災に関する課題について話し合い，自分に合ったよりよい解決方法について考え，判断している。

【板書計画例】

もし学校でじしんがおきたら	もし通学中にじしんがおきたら	◎**あぶないもの** ・おちてくるもの ・たおれてくるもの ・いどうしてくるもの
・きょうしつ ・としょかん ・おんがくしつ ・たいいくかん ・うんどうじょう	・でんしんばしらのある道 ・かんばんやガラスまどのあるビル ・ブロックべい ・じどうはんばいき	
どんなきけんがある？	**どんなきけんがある？**	◎**きけんなものを 　見つけよう。** ◎**きけんなものから 　はなれよう。**
・てんじょうがおちてくる。 ・てんじょうのけいこうとうがおちてくる。 ・まわりのものがたおれてくる。 ・まどガラスがわれる。 ・けがをする。	・いえがこわれる。 ・かんばんがおちてくる。 ・でんしんばしらがたおれてくる。 ・じどうはんばいきがたおれてくる。 ・つなみがくるかもしれない。	

【ワークシート】　▼学校で地震が起きた！　さあ，どうする？

①もし教室にいたら？　　②もし

記入欄にある，教室，廊下，体育館，校庭以外のいろいろな学校内の場所についても考える。

▼通学中に地震が起きた！　さあ，どうする？

電柱（倒れてくる），電線（落ちてくる・移動してくる），家の瓦（落ちてくる），ブロック塀（倒れてくる），ビルの看板，ガラス窓（落ちてくる），自動販売機（移動してくる・倒れてくる）

上の絵のような場面で考えられる危険と，身の守り方を書いてみましょう。

5．展開

■学習課題名……「自分で守ろう。自分のいのち」

	学習内容・学習活動	教師の支援（◇は支援内容）	備考・評価
導入	1．本時の学習課題をつかむ ◆学校や通学中に地震が起こったとき，どのようにして身を守るかについて学習することを知る。	◆テーマを提示する。 ◇地震に関する新聞記事等を示し，児童の関心を引きつける。 ◆「もし学校でじしんがおきたら」を板書する。	・テーマ提示
展開	もし今，学校で地震が起きたら，どんなことが起こるかな？		
	2．学校内のいろいろな場所についての危険を見つけ，身の守り方を理解する ◆学校内のいろいろな場所にあるものを思いうかべる。 ◆教室や図書室，体育館など学校内のいろいろな場所での考えられる危険を発表する。 ＜予想される発言＞ ・天井が落ちてくる。 ・窓ガラスが割れる。 ・本棚が倒れてくる。	◆「どんなきけんがある？」を板書する。 ◆ワークシート（P.32）を配布する。 ◇教室から始めて，図書室や体育館など学校内の他の場所での危険に話を進めていく。 ◇ピアノのように，動くものに注目させる。 ◆P.33の解答例のイラストを適宜提示する。	・P.32のワークシート ◆評価〔関心・意欲・態度…児童の発言より〕
	そのとき，みんなどうする？		
	◆教室や廊下，体育館などにいたときにどうするか，身の守り方を考えてワークシートに記入し，発表する。 ＜予想される発言＞ ・机の下にもぐる。 ・外に逃げる。 ◆単に，机の下にもぐることだけが安全な行動ではないことに気づく。	◇児童の発言に応じて「もし近くに机がなかったら」「地震で揺れているときに外へ逃げることができるだろうか」など，追加の質問を行う。 ◇児童の発言に対し，その判断をした理由も発表するように促す。	◆評価〔思考・判断・実践…ワークシートの記入より〕
	もし，通学中に地震が起きたら，どんなことが起こるかな？		
	3．通学中に地震が起きたとき，どんな危険が考えられるか，どうすれば身を守れるかを理解する	◆「もし通学中にじしんがおきたら」を板書する。	

第4章／防災教育の実際：ワークシートと指導案

	学習内容・学習活動	教師の支援（◇は支援内容）	備考・評価
展開	◆ワークシートのイラストを見て、地震が起こったときの様子を思いうかべる。 ◆イラストの電柱やビルの看板、窓ガラスなどについて、地震が起こったときに考えられる危険をワークシートに記入して発表する。 ＜予想される発言＞ ・看板が落ちてくる。 ・電柱が倒れてくる。 ・塀が倒れてくる。 ・家が壊れる。 そのとき、みんなどうする？ ◆それぞれの危険なものに対しての身の守り方を考えて、ワークシートに記入し、発表する。 ＜予想される発言＞ ・建物から離れる。 ・頭をおおう。 ・広い場所へ逃げる。 ・高い場所へ逃げる。 では、学校でも外でも「あぶないもの」とは何だろう？ 4．落ちてくるもの、倒れてくるもの、移動してくるもの ◆地震が起こると「あぶないもの」になるものを発表し、「落ちてくるもの」「倒れてくるもの」「移動してくるもの」に分けて理解する。	◆ワークシート（P.34）を配布する。 ◇イラストに描かれている電柱や電線、ガラス張りのビルと高層階に取り付けられた看板などを地震の際の危険と結びつけるよう、ヒントを与える。 ◇P.35の解答例のイラストを適宜、提示する。 ・イラストだけでなく、学校近辺の通学路の写真などを用意して使用すると効果的である。 ・地域によっては、地震に伴う二次災害が想定される。例えば、津波についてはP.40－41のワークシートも併せて活用してもよい。 ◆「あぶないもの…落ちてくるもの、倒れてくるもの、移動してくるもの」を板書し、児童から出た「あぶないもの」を分類して書き加えていく。	・P.34のワークシート ◆評価〔関心・意欲・態度…児童の発言より〕 ◆評価〔思考・判断・実践…ワークシートの記入より〕
まとめ	5．まとめ：危険なものを早く見つけて、すぐに離れる ◆地震はいつ、どこで起こるかわからない。そのため、自分で危険なものを見つけて、すぐに危険なものから離れることが大事であることを理解する。 ・ノートに学んだことを記入する。	◇学校や登下校以外の、家にいるとき、外で遊んでいるときなどについても、同じように落ちてくるもの、倒れてくるもの、移動してくるものを探し、身の守り方について考えるように促す。	

●危険予測と危険回避●

学習指導案
例—2

使用するワークシート
☞本書46〜47ページ

午後は大雨の天気予報。ハイキングに行きますか？

今日は前から楽しみにしていたハイキング。友達がむかえにきてくれました。今はいい天気ですが……。これから，どんな危険が考えられますか？ あなたならハイキングに行きますか？

1．テーマ
「危険を予測し，回避する」学級活動・安全指導（中学年・高学年）

2．ねらい
○自然災害にかかわる問題に関心をもち，自主的に学習に取り組めるようにする。
○自然災害に関する危険な状況を予測し，それらを回避するために，自然災害の課題について話し合い，自分に合ったよりよい解決方法などについて考え，判断することができるようにする。

3．指導の工夫
(1) 課題提示
○イラストを用いて視覚に訴え，イメージをもちやすくすることで，主体的に状況を把握して，課題意識をもてるようにする。ワークシートに理由を記入したり話し合い活動を進めたりしていく中で，自らの意思決定の根拠をもち問題の本質に迫れるようにする。
(2) 意思決定の根拠をもたせる
①ワークシートに理由を書く記入枠を設けることで，話し合い時に意見を明確に発言できるようにする。
②話し合いの際に，他の意見との相違点などに気づかせるために，発言の立場を明らかにさせるようにする。
(3) 学習形態
○チーム・ティーチングにおけるT₁・T₂（担任および養護教諭）の役割を明確にし，学習場面でのねらいを達成できるように机間指導を行う。

4．評価規準

関心・意欲・態度	思考・判断・実践
自然災害についての身近な課題に関心をもち，自主的に学習に取り組もうとしている。	自然災害に関する危険な状況を予測し，それらを回避するために，自然災害の課題について話し合い，自分に合ったよりよい解決方法などについて考え，判断している。

評価規準に関しては，中心的に見とる評価の観点を重点化することも考えられる。例えば，思考・判断・実践についてのみ見とるということも可能であろう。

第4章／防災教育の実際：ワークシートと指導案

【板書計画例】

午後からは大雨かもしれないハイキング……。**あなたならどうする？**	どんなきけんがある？	もし大雨がふったら
	・大雨がふるかも。 ・土砂くずれが起こるかも。 ・かみなりが落ちるかも。 ・すべってけがをするかも。	・すぐ帰る。 ・親にれんらくする。 ・助けをよぶ。 ・かさを持っていく。 ・ラジオやけいたい電話を持っていく。

↓

（場面設定の共通理解）
・行き先は，子どもたちだけで出かけてもよい場所である。
・家の人は出かけている。
・天気予報では午後から大雨。
・でも，今は晴れている。
・みんなは「行こう」と言っている。

行かない	・大雨ですべったり，ころんだりしてけがをするかもしれない。 ・道にまよって帰れなくなるかもしれない。
行く	・天気予報ははずれるかもしれない。 ・前からやくそくしていたし……。 ・かさを持っていけばいい。

◎たくさん考えた中から，⇐ これから起こるきけんを見つけよう！
　　　　　　　　　　　　　 いちばんよい方法を考えよう！

【ワークシート】

「でも，天気予報では大雨になるらしいよ……」

「晴れているから，だいじょうぶ！早くいこうよ」

出発予定の朝の時間は晴れていてよい天気。

友達どうし4人，子どもたちだけで出かけようとしている。

家の人たちは出かけていていないようなので，相談することができない。

テレビの天気予報では，午後から大雨と言っている。

友達は，雨になるとは思っておらず，大雨になったときの準備は何もしていないようだ。

ハイキングに出かけたときの，予測される危険を書いてみましょう。

61

5．展開

■学習課題名……「午後は大雨の予報のハイキング！　あなたならどうする？」

T₁…担任　　T₂…養護教諭

	学習内容・学習活動	教師の支援（◇は支援内容）	備考・評価
導入	1．本時の学習課題をつかむ T₁：友達とハイキングに行く日の天気予報は午後から大雨。ハイキングに行く，行かない？　あなたならどうするか考えて発表しよう。 ◆T₁とT₂とのロールプレイを見る。 ・T₁：「晴れているから大丈夫。早く出かけよう！」 ・T₂：「でも，天気予報では雨になるらしいよ」 ◆ワークシートのイラストを見て，みんなで場面設定の共通理解をする。	◆T₁：テーマを提示する。 ◆イラストが印刷されたワークシートを各自に配布する。 ◆イラストの場面の共通理解をして，T₁とT₂でロールプレイする。 ①ハイキングの行き先は安全な場所であり，家庭も学校も子どもだけで行くことを許可している。 ②家の人は，たまたま今日，別の用事で朝から出かけて不在である。 ③天気予報では午後から大雨の予報。 ④でも，今はいい天気。 ⑤みんなは予定どおりに行こう！と言っている。	・テーマ提示 ・P.46のワークシート
展開	2．「かくれた危険」を見つける ◆みんなとハイキングに出かけたときの予測される危険（かくれた危険）を考え，その理由もワークシートに記入する。 ・もし大雨だったらどんなことが起こるかを考え，結果を予測する。 3．予測した結果を発表する ＜予想される発言例＞ ・土砂崩れが起こるかもしれない。 ・かみなりが落ちるかもしれない。 ・雨ですべったり転んだりしてけがをするかもしれない。	◇右の3人の友達から何かを誘われていることを理解させる。 ◇左の「ぼく」は，なぜそう答えたのか，どう判断しようとしているのか考えさせる。 ◇「ぼく」が判断した理由も考えるように指示する。 ◆T₁・T₂：発表させる。 ・T₁は指名して意見を聞き，T₂は意見を簡単に板書する。	◆評価〔思考・判断・実践…ワークシートの記入より〕 ◆評価〔関心・意欲・態度…発言より〕

第4章／防災教育の実際：ワークシートと指導案

	学習内容・学習活動	教師の支援（◇は支援内容）	備考・評価
展開	4．自分ならどうするか考え，ワークシートに記入する ◆ハイキングに行く・行かないの判断とその理由を発表し合う。 ＜予想される発言例＞ ①もし行かないとしたら…… ・大雨が降ったらすべったり転んだりして危険なので。 ・道に迷って帰れなくなる。 ②もし行くならば…… ・前から約束していたことなので。 5．危険を回避する方法を考え，発表する ◆ハイキングに行き，危険な状況になったことを想定して，危険を回避する方法を考え，発表する。 ・できるだけ早く家に帰る。 ・家に連絡する。 ・前もって，避難できる場所を調べておく。	◇イラストの「ぼく」の立場になり，自分のこととして考えるようにさせる。 ◆行く・行かないの判断とその理由を発表させる。 ◇理由を言いそえることで，自分の考えの根拠を明確にさせる。 ◆ハイキングの途中で危険な状況になった場面を教師2人のロールプレイで見せる。 ・T₂：「ハイキング楽しいね。そろそろお弁当にする？」 ・T₁：「あれっ，向こうの雲は真っ黒だよ。あーっ，雨が降ってきたよ！」 ◆大雨が降ってきたらどうするか，考えさせる。 ◆行く前の準備についても，何が大事か考えさせる。 ◇危険予測はこれから起こる危険を考えること，危険回避は危険を避けるいちばんよい方法を考えることであることをきちんとおさえる。	◆評価〔思考・判断・実践…発言より〕
まとめ	6．危険を回避するためには何が大事かを考える ◆解答編のワークシート（P.47）をもとに，予測される危険について，自分の考えと照らし合わせる。 ◆自然災害について知り，いつでも起こりうる危険があることや，考えずに行動しやすい危険があることなどを知る。 ◆学んだことをノートに記入して，各自が発表する。	◇まとめとして次の点をおさえる。 ・危険を回避する方法は，ニュースや天気予報，大人に連絡や相談など，さまざまな方法があること。 ・どんな場面でも，その先に起こりうる危険をとっさに判断し，よりよい行動を選ぶ力を身につけることが大切であること。	・P.47のワークシート

●災害に備えよう●

学習指導案 例-3

使用するワークシート
☞本書50～51ページ
　同　52～53ページ

避難のときは，何が必要？
家族の避難計画を考えよう！

災害時には電気や水が止まるときがあります。また避難をしなければならない場合もあるでしょう。そのようなときに備え，家族での避難計画や災害時の生活用品などの蓄えについて考えてみましょう。

1．テーマ
「災害に備えよう」　学級活動・安全指導（高学年）

2．ねらい
○自分や家族の命を守るために，防災の課題について話し合い，自分に合ったよりよい解決方法などについて考え，判断できるようにする。
○自分や家族の命を守ることの大切さ，そのための安全な生活や自主的な防災活動について理解できるようにする。

3．指導の工夫
（1）課題提示
○防災教育の主要な目的は，自他の命を守ることである。災害発生時にはどこへ，どのように避難するかも含めて，災害の発生に備えておくことが必要であることを理解する。
（2）家庭においても災害や避難などの防災について共通理解をする
①自分の生活する地域で過去に発生した災害や，現在の防災の実態などを話題にし，地域の防災設備や訓練などの必要性を理解する。
②家族とともに防災計画を立てることの大切さを理解して，災害時には家族との連絡をとることができる方法を見つけ，家族間で決めておくようにする。
（3）学習形態
○グループ活動を通じて，備えなどの課題を話し合う。

自分たちの地域の防災に関する資料（新聞記事，自治体の広報，関係機関が作成した教材，ハザードマップなど）があればできるだけ用いる。また学校にある備蓄を紹介するなど，できるだけ具体的な指導を意識する。可能であれば地域の防災関係者を招いて話していただくことも有効である。

4．評価規準

思考・判断・実践	知識・理解
自分や家族の命を守るために，防災に関する課題について話し合い，自分に合ったよりよい解決方法について考え，判断している。	自分や家族の命を守ることの大切さ，そのための備蓄品の必要性や，自主的な防災活動や避難などについて理解している。

「展開」で使用するワークシートは，災害時の連絡方法に関連して48～49ページを加えてもよい。

【板書計画例】

わたしたちの町の防災	家で備えておくもの	避難場所・連絡方法
・防災訓練 ・避難場所の地図 ・水や食料などの備えやたくわえの用意	（ブレインストーミングの結果を板書する。災害時に家で使うもの，避難時に持ち出すものに分けて板書する）	○避難場所 ・学校 ・公園 ○連絡方法 ・電話 ・メール
わたしたちにできること	必要な品・便利な品	
（ブレインストーミングの結果を板書する。おおよそ，避難，備蓄，連絡方法などに分けて板書するとよい）	（備蓄品の写真を提示するか，実物を提示する。53ページのワークシートのイラストを提示してもよい）	

水や食べ物を備えておくことはもちろん，避難場所や連絡方法を決めておくことも大事な備え！

【ワークシート】

・災害で自宅に戻れないようなときのことを考え，家族のみんなで避難場所や避難のしかた，連絡のしかたなどを話し合って決めておく。

①どこへ避難する？　②家族との連絡方法

▲「避難計画」を考えよう

▼いざというときのために備えておきたい必要品を探そう

これをわすれずに

・電気やガス，水道などが止まったときなどに備えて「家庭で備蓄しておきたい物」と，避難などで家から離れる場合に「持ち出し品」として用意しておきたいものを考える。
・「持ち出し品」は，家族が分担して持ち出せるようにそれぞれのリュックなどに入れて用意しておくとよい。

【家庭で備えておきたい物】　【持ち出し用の品物】

5．展開
■学習課題名……「災害に備えよう」

	学習内容・学習活動	教師の支援（◇は支援内容）	備考・評価
導入	1．本時の学習課題をつかむ ◆災害から身を守るための備えについて学習することを知る。 わたしたちの町の防災について，知っていることを話そう。 ◆防災のための設備や活動，訓練などについて，知っていることをそれぞれが出し合う。 ＜予想される児童の発言＞ ・近所の人と防災訓練をしている。 ・避難場所の地図をもらった。 ・水や食料をまとめて買っている。	◆テーマを提示する。 ◆「わたしたちの町の防災」と板書する。 ◆発言の状況に応じて，教師が用意した防災資料を示す。 ◇地域のさまざまな人々が災害に備えた活動をしているが，自分たちにもできる備えが必要であることに気づかせる。	・テーマ提示
展開	災害に備えて，わたしたちにできることは何だろう。 2．どんな災害の備えができるか ◆自分や自分の家族の命を守るためにできることは何か，意見を出し合う。 ・グループに分かれてブレインストーミングを行う。 ◆グループごとに代表がブレインストーミングの結果を発表する。 ＜予想される児童の発言＞ ・自分たちで食べ物を用意する。 ・家族で避難場所を決めておく。 ・連絡方法を決めておく。 ・家の中の家具を固定する，など。 家に備えておきたいものを考えてみよう。 3．必要な備蓄品を考える ◆グループごとにブレインストーミングを行い，発言のあった備蓄品をワークシートに書き出し，発表する。 ・その品がなぜ必要か，どのぐらい必要かについても発言する。	◆「わたしたちにできること」と板書する。 ◇すでに家庭で実践していることも含めて発言するように助言する。 ◆ブレインストーミングの結果を板書する。その際，避難，備蓄，連絡方法などにおおよそ分けて板書する。 ◇ブレインストーミングの内容から「備蓄」「避難・連絡」を取り上げる。 ◆P.52のワークシートを配布する。 ◆児童の発言を，非常時に自宅で使うものと，避難時に持ち出すものとに分けて板書する。	・グループのまとめ用にもう1枚用意する。 ◆評価〔知識・理解…ワークシートの記入より〕

	学習内容・学習活動	教師の支援（◇は支援内容）	備考・評価
展開	◆板書されたものをもとに，非常時に家庭で使うものと，持ち出すものとの違いを考え，発言する。 <予想される児童の発言> ・家では水や食べ物，簡易トイレが必要だと思う。 ・持ち出しするのは，薬や身分証明書のような大事なもの。 もし家から別の場所に避難しなければならないとしたら，どこに避難すればよいだろう。 4．避難場所を考える ◆各自考えた避難場所を発表する。 <予想される児童の発言> ・学校に避難する。 ・近くの公園に避難する。 ◆避難場所は，場所によって目的があることを理解し，家にいた場合は最初にどこに避難すればよいかを考えることができるようにする。 もし自分だけで避難した場合は，家族とどうやって連絡する？ 5．連絡方法を考える ◆各自考えた連絡方法を発表する。 <予想される児童の発言> ・電話を使う。 ・災害のときに使える「災害用伝言ダイヤル」というのがあると聞いたことがある。	◇もし夏だったら，あるいは冬だったらという季節の違いを意識させる。また，ペットのための備えなど，家庭の状況に応じた備えが必要であることにも気づかせる。 ◇P.53のワークシートを利用する。 ◆P.50のワークシートを配布する。 ◇児童が発言した避難場所について，どうしてそこを選んだのかを質問し，最も安全な場所だったかを再確認させる。 ◇地域によっては津波災害から避難する場所にもふれるようにする。 ◇P.51（右側）のワークシートを適宜利用する。 ◆児童を指名して，連絡方法を発表させる。 ◇P.51（右側）のワークシートを適宜利用する。	・P.50のワークシート ◆評価〔思考・判断・実践…ワークシートの記入より〕
まとめ	6．まとめ ◆「水や食べ物を備えておくことはもちろん，避難場所や避難方法を決めておくことも大事な備えであること」を理解する。 ◆学んだことをノートに記入し，感想を発表する。	◆左のまとめ文を板書する。 ◇P.50のワークシートのイラストをもとに，家族と話し合うことの大切さにふれるようにする。	

●大雨が引き起こす災害●

学習指導案 例—4

大雨の日の通学路。どんな危険があるだろう？

大雨の中を通学しています。道路はがけと川にはさまれています。雨はやみそうにありません。どんな危険が考えられるでしょうか。

使用するワークシート
☞本書42〜43ページ

上記のワークシート以外にも，学校周辺の通学路がわかる地図を用意しておく（児童が作成した地域安全マップを用いてもよい）。なお，本指導案では「チャレンジ！防災48」のDVDの映像を用いる。また，まとめのワークシートを別に用意する。

DVD「チャレンジ！防災48」
（総務省消防庁）

注1）
2008年告示の学習指導要領では「けがの防止」に防災は含まれていないが，ここでは発展的な学習内容として位置づける。

1．テーマ
「けがの防止」 体育科保健領域 （5年生）

2．ねらい（5時間扱いの第4時。単元計画は表1参照）
○自然災害によるけがの防止について，学習したことを自分の生活と照らし合わせたり，関係を見つけたりするなどして，それらを説明できるようにする。
○自然災害が原因となって起こるけがとその防止について，理解したことを発言したり記述したりできるようにする。

3．指導の工夫
（1）課題提示
○交通事故や身のまわりの生活の危険（学校生活の事故，水の事故，犯罪被害など）と同様に，自然災害が原因となって起こるけがを取り上げ，その防止について理解できるようにする。[注1]
（2）気象災害におけるけがの防止を中心におく
①防災に関する教育内容は，教科では社会や理科でも取り上げられている。しかし，けがの防止という視点は保健領域独自のものであるので，けがは安全な行動と環境整備によって防止できることを基本的な内容として構成する。
②本学習指導案では気象災害を取り上げる。
（3）学習形態
○グループ活動を中心に行う。

4．評価規準

関心・意欲・態度	思考・判断
けがの防止について，学習したことを自分の生活と照らし合わせたり，関係を見つけたりするなどして，それらを説明している。	自然災害が原因となって起こるけがとその防止について理解したことを発言したり，記述したりしている。

[表1] 単元計画

第1時	第2時	第3時	第4時	第5時
けがの原因	交通事故によるけがの防止	身のまわりの生活の危険が原因となって起こるけがの防止	自然災害によるけがの防止（本時）	けがの手当て

【板書計画例】

大雨のきけん		①わたしたちの行動
（42ページのワークシートの拡大イラストを提示する）	（通学路の地図を提示する）	（ブレインストーミングの結果を板書する）
・川が増水する。 ・すべって転びやすい。 ・がけがくずれる。	（43ページのワークシートの拡大イラストを提示する）	②かんきょうを整える （ブレインストーミングの結果を板書する）

【ワークシート】

▲P.42「考えよう」　▼P.43「解答例」

● まとめ用のワークシート（例）

大雨によるさいがいをふせぐために

- わたしたちの行動は？
- かんきょうづくりは？
- 安全な通学路のためにすべきことは？

5．展開
■学習課題名……「大雨が引き起こす災害」

	学習内容・学習活動	教師の支援（◇は支援内容）	備考・評価
導入	1．本時の学習課題をつかむ ◆交通事故や学校生活でのけがと同じように，大雨などの自然災害が原因で起こるけがとその防止のしかたについて学習することを知る。	◇これまでに学習してきた交通事故や身のまわりの生活の危険によるけがと同様に，地震や天候が原因となってけがが起こることに気づかせる。 ◆P.42のワークシートを配布する。まだ，記入はさせない。	・テーマ提示 ・P.42のワークシート
展開	登下校中に大雨が降ったとして，危険を予測してみよう。 2．大雨の通学路の危険予測 ◆ワークシートのイラストを見て，各自の危険予測を発言する。 ＜予想される児童の発言＞ ・川が増水する。 ・すべって転ぶ。 ・がけが崩れる。 わたしたちの通学路で，大雨が降ったときに危険になるような場所はないだろうか。 ◆グループに分かれ，地図を参考にしながら危険箇所を話し合う。 ◆グループごとに，代表が危険箇所について結果を発表する。 ◆地図の上に，発表された危険箇所をマークしていく。 大雨が降った場合の災害を確認してみよう。 ◆P.43のワークシート（解答例）や災害映像を見て，気づいたことを発言する。 ＜予想される児童の発言＞ ・○○川が増水して，道まであふれる。 ・床の上まで水がくる。 ・車が流される。 ・家の中のものが流される，など。	◆児童の発言を板書する。 ◆通学路の地図を提示する。また，グループごとにも1枚ずつ地図を配布する。 ◇単に危険箇所を発表させるだけでなく，なぜ危険なのか理由を述べさせるようにする。 ◆P.43のワークシートを提示する。または「チャレンジ！防災48」の大雨のときの災害映像を流す。 ◆児童の発言を板書する。 ◇地域の気候や風土を考慮しながら，過去に発生した自然災害を適宜取り上げて発言を促すようにする。	 ・P.43のワークシート ◆評価〔思考・判断〕

	学習内容・学習活動	教師の支援（◇は支援内容）	備考・評価
展開	◆大雨によってさまざまな災害が起こることを理解する。 ・川の水があふれると，川から離れた場所まで浸水する可能性があること。 ・雨が降っていなくても，その川の上流で大雨が降れば川が増水すること，など。 大雨による災害を防ぐにはどうすればよいか，わたしたちの行動と環境づくりに分けて考えてみよう。 3．大雨の災害の危険回避 ◆グループごとにブレインストーミングを行い，発表する。 ・まとめ用のワークシートに各自の発言を記入する。 ＜予想される児童の発言＞ ○わたしたちの行動 ・大雨が降ったら，川には近づかない。 ・がけから離れて通る。 ・天気予報に注意する，など。 ○環境づくり ・川の水があふれないような堤防をつくる。 ・がけ崩れが起きないように工事を行う。 ・避難場所をつくる，など。 わたしたちの通学路について，大雨による災害を防止するにはどうすればよいか考えてみよう。	◇大雨だけでなく，地域性も含めて，強風，突風，竜巻などを取り上げてもよい。 ◆まとめ用のワークシートを配布する。 ◆児童の発言を板書する。 ◇交通事故や身のまわりの生活の危険と同様に，気象災害も人の行動と環境整備によってけがの防止が可能となることに気づかせる。 ◇児童の発言を踏まえて，人の行動と環境整備の重要性を強調する。	・まとめ用のワークシート ◆評価〔知識・理解…ワークシートの記入より〕
まとめ	4．まとめ ◆わたしたちにできることや，必要な環境の整備などについて考え，発表する。 ◆まとめ用のワークシートに，自分の意見や友達の考えを記入する。 ◆各自，ノートに学習したことをまとめる。	◇第1時から第4時までのまとめとして，通学路でのけがの防止について，気象災害だけにとらわれることなく，人的要因と環境要因を踏まえながらまとめるようにする。	◆評価〔思考・判断…ワークシートの記入より〕

付-1 緊急地震速報の報知音を用いた訓練

使用するワークシート
☞本書38～39ページ

1．テーマ
「いつでも，どこでも安全に避難できるようにしよう」（中・高学年）

・文部科学省「東日本大震災における学校等の対応等に関する調査」報告書（2012年4月）では避難訓練について，次のような意見がありました。

> 訓練ではどうしても特定の状況のみの訓練になってしまっていた。震災当日はその場で考えて行動しなければならないことが多かった。

・これは避難訓練についての最も重要な反省点です。学習指導案の例－1では，さまざまな状況での危険予測・回避を学びました。ここでは，それを活かした訓練について取り上げます。

2．ねらい
○校内のどの場所にいても，危険の予測・回避ができるようにする。

3．指導の工夫
①緊急地震速報の報知音を用いる

・文部科学省「学校安全の推進に関する計画」（2012年4月）では，次のような提言があります。

> 学校や学校の設置者は，安全に関する科学技術の発達や実用化の状況に応じて，緊急地震速報を活用した避難訓練など，従来の訓練に加え，創意工夫を凝らした訓練を取り入れていくことも重要である。

・ここでは，最初に緊急地震速報についての学習を行い，次いで緊急地震速報の報知音を使用して避難訓練を実施します。

②特別教室で授業を行う

・一般的な避難訓練では普通教室にいる状況で行いますが，ここでは特別教室（理科，家庭科，音楽など）で行います。これは，児童全員が身を守ることができる机が常にあるとは限らないためです。

③初期対応は教師が指示をしない

・地震の揺れを感じてからの避難訓練では，教師が放送で地震の発生と避難行動を指示することが一般的です。教師からの指示がなくても，児童自身の判断で安全を確保できる力を身につける必要があります。ここでは予告なしで緊急地震速報の報知音を流して，教師は避難指示を行いません。

「緊急地震速報」って，何？
（本書P.38より）

4．展開

	学習内容・学習活動	教師の支援
第1時	**緊急地震速報とは何か？　緊急地震速報が流れたらどうすればよいか？** ◆各自 P.38のワークシートの「①緊急地震速報とは何だと思いますか？」に自分の考えを記入する。 ◆ワークシートの「②緊急地震速報が流れたらどうすればよいでしょうか？」に自分の考えを記入する。 ◆教室や自宅など，速報を耳にした場所や状況に応じた対応のしかたについて発表する。 ◆次の2点を理解する。 ・緊急地震速報が流れたら，身の安全を確保することが大事であること。 ・具体的には物が「落ちてこない，倒れてこない，移動してこない」場所に避難することが大事であること。	◆P.38のワークシート（考えよう）を配布する。 ◆実際の報知音を流すと理解しやすい。 ◆ワークシートへの記入は，「教室にいたら？」「廊下にいたら？」「自宅の2階にいたら？」など具体的な状況を考えて記入するように補足して促す。 ◆P.39のワークシート（解答例）を使って説明を行う。 ◆今後，緊急地震速報の報知音を用いた訓練を予告なしで実施することを伝える。
第2時	**実際に緊急地震速報が流れたときの避難行動を体験しよう！** ◆特別教室に移動する。 【教室に入ってしばらくしてから緊急地震速報の報知音が流れる】 ◆報知音を聴き，各自，初期対応をとる。 ＜予想される対応＞ ・一部の児童は机の下にもぐろうとする。 ・一部の児童は教室から出ようとする。 ・一部の児童は何をしたらよいかわからない。 ◆自分のとった初期対応を振り返る。 ◆いつでも，どこでも安全に避難できることの大切さを理解する。	◆児童を特別教室に移動させる。ただし，児童には避難訓練を行うことを告知しない。単に自然災害について学習するとだけ伝えておく。 ◆教師は「しばらくしたら戻る」と伝え，いったん教室から出て放送で緊急地震警報の報知音を流す。教師は初期対応の指示は行わない。 ◆教師は教室に戻る。今回は，二次対応（校舎の外へ避難など）の訓練は行わない。 ◆児童らにどのような初期対応をとったかをたずね，板書する。 ◆学校内のほかの場所だったらどうするか考えさせる。

・実際に放送を用いて報知音を流す場合，全校一斉に訓練を実施すると，より実際に近い訓練となります。

付-2　図上訓練（DIG）をやってみよう

1．テーマ
「津波から命を守ろう」（高学年）
・ＤＩＧとよばれる手法は，図上訓練のひとつとして広く行われています。ＤＩＧとはＤ（Disaster＝災害），Ｉ（Imagination＝想像力），Ｇ（Game＝ゲーム）の略であり，災害が発生したと仮定して，提示された状況に対してどのように対処するかをグループで意見交換し，図上に記入する方法です。危機管理の訓練でよく用いられる卓上訓練（Tabletop Exercise）と類似した手法ですが，緊急時の意志決定を経験しておくことは，実際の場面で大いに役立つと予想されます。ここでは，ハザードマップを学び，それに引き続いてＤＩＧを行います。[注1]

2．ねらい
○津波被害を予想して，より安全な場所へ避難できるようにする。

3．指導の工夫
①ハザードマップを用いる
・東日本大震災以降，ハザードマップの利用についての課題が指摘されるようになりました。震災前の津波被害を想定したハザードマップよりも，被災の範囲が広かったためです。その後，ハザードマップそのものの見直しが行われていますが，ハザードマップを有効に活用することは今後も必要と思われます。ハザードマップでは安全とされている地域であっても，より安全な場所への避難ができることが大切です。
②災害状況をシナリオにする
・ＤＩＧは一種のシミュレーションですので，災害の状況についてのシナリオを作っておく必要があります。過去に地域で発生した災害や他の類似した地域を参考として，教師が災害の状況を記した以下のようなカードを作成しておきます。今回は海の近くでの移動教室を想定してみます。なお，対応を記入するためのワークシートも用意するとよいでしょう。

> 今日から移動教室が始まります。学年全員でＡ市にある宿泊所で3日間過ごします。宿泊所は海岸の近くにあります。お昼前に着きました。みんなでお弁当を食べている途中，大きな揺れを感じました。揺れがおさまってから，先生の誘導で外に避難しましたが，防災無線から津波警報が流れました。

注1）
本来ＤＩＧでは，地図への書き込みと意思決定を同時に進めるが，小学生にとってはやや高度な活動となるため，ここでは第1時で地図への書き込みを，第2時で地図を参考に意思決定する内容を重点化した。

4．展開

	学習内容・学習活動	教師の支援
第1時	ハザードマップとは何だろう？ どのように活用すればよいのだろう？ ◆一般的な（あるいは自分たちの町の）ハザードマップとはどのようなものなのか，教師から説明を聞き，わかることを発言する。また，どのように活用するものかについても自分の意見を述べる。 ◆グループに分かれて，移動教室地域の地図の上に透明シートを重ねて，危険と思われる場所と，もし津波が発生したら避難できると思われる場所を特定し，透明シートの上に油性ペンで書き込んでいく。 ◆実際のハザードマップと比較して，自分たちの記入との違いを確認する。	◆教師は以下のものを用意しておく。 ①想定した移動教室を行う地区の津波ハザードマップ ②グループへの配布用として，通常の地図と，その地図に重ねて書き込める透明シート ◆ハザードマップを児童に説明する。 ・ハザードマップは，一般的なもの，あるいは自分たちの町にある水害等のハザードマップを提示してもよい。 ◆児童の発言を板書する。 ◆活動後，移動教室地域のハザードマップを配布して比較させる。 ◆ハザードマップの有効な活用のしかたについて説明する。
第2時	ＤＩＧを用いて，危険を予測し，適切な危険回避のしかたを話し合おう！ ◆ＤＩＧについて教師の説明を聞き，理解する。 ◆グループに分かれて，リーダーと記録係をそれぞれ決める。 ◆グループごとに「被害状況カード１」を受け取る。 ◆リーダーが被害状況カード１を読み上げ，前時で使用したハザードマップを使いながらグループで対応を話し合い，ワークシートに書き込む。以下，カード２，３…についても同様に進める。 ◆すべてのワークシートへの書き込みが終了したら，全体を通して適切な避難行動について話し合いを行う。 ◆グループごとに話し合った結果を発表する。 ◆より安全な避難行動と避難場所の具体的な決定のしかたについて理解する。	◆ＤＩＧについて説明を行う。 ◆ＤＩＧは移動教室を想定しているため児童を主体に進めるが，教師もＤＩＧに参加する。 ◆被害状況カード１（津波警報が発報された場面まで）と対応を記載するワークシートを配布する。 ◆以下，続きの被害状況カードを用いて，避難行動の話し合い活動を進めるようにさせる。なお，前時で用いたハザードマップを利用して，避難経路や避難場所の決定などの参考とさせるとよい。

コラム Column ⑤
児童のための備蓄を

　別項でも述べているように，東日本大震災では児童生徒のための備蓄物資が不十分であることが明らかになりました。学校には自治体が設置した備蓄倉庫が置かれていることが一般的ですが，何が備蓄されているのか，どのぐらいの量があるのか，誰が使うのかなどが明確になっていないことが少なからずあるようです。多くの場合，学校に避難してきた住民が使用することを目的にしていますが，児童生徒が災害によって帰宅できない場合には，食料や毛布等が必要になります。そのため，児童生徒が使えるための備蓄物資を用意しておく必要があるのです。

　この課題について，海外の状況をみてみましょう。写真1はニュージーランドの首都ウェリントン市の小学校に置かれている備蓄の例です。ウェリントン市周辺は過去に地震や津波の被害が発生しており，災害発生時には児童が帰宅できなくなることが想定されます。この小学校では，全児童が最低3日間学校にとどまることができる量の食料や薬を備蓄しています。費用は保護者が負担しているということです。

　写真2は，カリフォルニア州オークランド市内の小学校の教室に置かれているエマージェンシー・キットです（縦に置かれているケース）。エマージェンシー・キットには必要最小限の飲料水，食料（シリアルを固めたもの），簡易トイレなどが入っています。これは市の教育委員会が管轄の学校すべてに配布しているもので，全教室に1つずつ置かれています。オークランド市は隣のサンフランシスコ市と同じく，過去に何度も大地震に襲われているため，このような備蓄は不可欠といえます。

写真1：ニュージーランド・ウェリントン市内の
　　　　小学校の備蓄物資

写真2：カリフォルニア州オークランド市内の
　　　　小学校のエマージェンシー・キット

第5章

防災管理Q&A

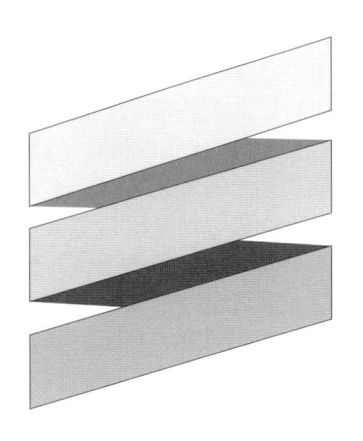

Q どうすればいいの？ 学校防災のための体制づくりは，どのように進めていけばよいのでしょうか。

A 学校防災は防災教育と防災管理，および組織活動から成り立つ活動です。そのため校内はもちろん，保護者，地域住民，学校外の関連機関・団体などとの連携を踏まえた体制づくりを進めていくことが非常に大切になります。万が一災害が発生すると，すぐに対策本部が立ち上がりますが，その時点で役割分担や仕事の内容を決めていたのでは遅すぎます。学校防災のほとんどは「備える」ことです。したがって体制づくりも事前に行うことが必要になります。

■体制づくりの意義と進め方
①責任者，担当者の知識・技能を高める
　学校において学校防災の責任者は管理職ですが，それ以外にもほとんどの学校では校務分掌上，学校安全の中核となる教職員等が置かれていると思います。管理職や学校安全の中核となる教職員（以下，学校安全担当者）は，学校防災の知識や技能について他の教職員に指導・助言する立場にあります。体制づくりも管理職と学校安全担当者が協力して進めることが求められます。そのため，各種の研修の機会を通じて，管理職や学校安全担当者が自身の防災に関する知識・技能を高めることが必要です。

②校内の体制整備
　後述する危機管理マニュアルの作成と関係しますが，マニュアル作成と同時に，教務分掌や校内規程に教職員の役割分担と責任を明らかにします。また組織的に活動するために，防災委員会を設置することも効果的と考えられます。たとえ校長と学校安全担当者の不在時に大きな災害が発生しても，同じように対応できなければなりません。そのため，校内の体制整備は非常に重要になります。
　なお防災委員会は学校防災全体を網羅するものであり，あとで述べる対策本部と防災委員会とは異なりますが，対策本部の役割分担についても決めておく必要があります。

③保護者，地域住民，自治体等との連携
　防災は，学校だけで行うことはできません。関係者との連携が必要になります。保護者とは，避難訓練を含む防災教育，災害発生時の安否確認や引き渡し，災害後の心のケアや学校再開など，さまざまな場面での共通理解が必要となります。東日本大震災では，引き渡しや学校での待機にかかわって混乱が起きた学校が少なくありませんでした。学校と保護者との間で連絡体制を確立することが大切ですが，災害発生時には停電や電話の不通で連絡が困難になることが予想されます。そのために，保護者と学校は災害発生を想定して，事前の協議と確認が不可欠なのです。

後述するように，災害時には学校はしばしば地域住民の避難所となります（p.88-89）。避難所の開設と運営について学校と住民との間で共通理解がないと，災害時には大きな混乱を招きます。もし夜間や休日に災害が発生し，学校を避難所とする必要が生じると，さらに大きな混乱が予想されます。防災について地域住民と話し合うことは，このような混乱を避けるためにも必要です。

自治体は災害対策基本法に基づき，地域防災計画を策定しています。学校が避難所になることをはじめ，学校における備蓄についても地域防災計画に基づいて行われます。したがって，学校は教育委員会と連絡をとり，その地域の地域防災計画について理解しておくことが重要です。また学校以外の避難場所などについても地域防災計画を参照して，学校からの二次避難や通学中の避難行動に活かすようにします。学校と自治体との連携は欠かすことができません。

④防災委員会の立ち上げと地域学校安全委員会での協議

学校においては，学校防災委員会（もしくは学校安全委員会）を設置し，定期的に学校防災について協議する機会を設けます。学校防災委員会は災害時にはそのまま対策本部に移行しますので，平時の活動は，災害時における対策本部の円滑な対応につながります。

保護者，地域住民，自治体や防災関係機関等を含む地域学校安全委員会では，前記の連携体制について協議を行います。定期的に委員会を開催することは，災害時の混乱を減らすことにつながります。

■対策本部の役割

自然災害に限定されませんが，学校にかかわる事件・事故が発生した場合には対策本部を迅速に立ち上げなければなりません。立ち上げた対策本部はすぐに業務をスタートさせますが，業務内容はあらかじめ決めておく必要があります。具体的には次のとおりです。

「本部」……情報収集，連絡調整，対応の判断，記録等
「安否確認・避難誘導・安全確保」……児童生徒の安全確保等
「救護」……児童生徒と教職員の救出・救命，医療機関への連絡等
「消火・安全点検・応急復旧」……校舎や避難所の安全確認等
「避難所協力」……避難住民の誘導，避難所の開設等

やや時間が経過してからは，「心のケア」や「応急教育」の業務を加えます。

必ずしも想定どおりに対応できないのが災害です。状況に応じて臨機応変に対応する必要性が生じることも理解しておきましょう。

学校防災委員会
▼
災害発生
▼
対策本部

平時の活動の「学校防災委員会」は，災害時には「対策本部」に速やかに移行する。

ここに注目！
◇万がーに備え，学校防災についての知識・技能を高め，体制づくりも事前に整備しておく。
◇校内の体制整備とともに，保護者，地域住民，関係機関等との連携を。
◇学校防災委員会の活動は，災害時には対策本部の迅速な対応へつながる。

どうすればいいの？Q

災害が発生して児童を学校に待機させなければならないとしたら，どのような備蓄が必要なのでしょうか。

A

文部科学省が行った，岩手県・宮城県・福島県での「東日本大震災における学校等の対応等に関する調査」（2012年）では，震災発生当日に在校中の児童が帰宅困難な状況となった小学校は22.1%であったとされています。そこでは保護者との連絡がとれないことが主な原因となっています。同様な状況は，東北・北関東地方に限定されず，首都圏においても，保護者が帰宅できずに学校に待機を余儀なくされた児童が少なくなかったことは周知のとおりです。

もし児童が学校に待機しなければならないとしたら，まず必要となるのは食料等の備蓄です。前述の調査では，帰宅困難な児童に対する備蓄品があったと回答した学校は12.3%にとどまっていました。たとえ学校で大きな被害が発生しなくても，交通機関が不通となり，保護者による引き取りができないため，学校に長時間待機せざるをえない状況も想定されます。

■学校における備蓄についてのポイント

そこで備蓄を充実させることが重要になりますが，備蓄については，次のような注意を払う必要があります。

①児童のための食料，飲料水は最低3日分必要

災害が発生した場合，食料等が被災地に届くまでに2，3日かかることが少なくありません。数日間学校にとどまることを想定した備えが必要です。

②食物アレルギーがある児童への対応

通常，備蓄品に含まれる食料といえば，乾パン，アルファ化米，ビスケット，カップ麺，缶詰などが考えられますが，食物アレルギーをもつ児童の中には，これらを食べることができない児童がいることも想定されます。もしアレルゲンを含む食料を摂取したら，最悪の場合，アナフィラキシーを発症する危険もあります。

そこで，備蓄品をそろえる段階で，児童のアレルギーに関する実態を把握し，安全な食料を用意しておく必要があります。その場合，保護者による非常食の準備などの協力要請も必要となります。

③停電，断水に備える

大災害が発生した場合，インフラへの影響は避けられず，停電や断水が長期化する場合もあります。停電でも使用できる機器（照明，ラジオ，暖房器具など）はもちろん，乾電池やバッテリー，さらには発電機（および発電用燃料）の準備があれば大いに役立ちます。

飲料水以外の水については，プールの水などがトイレ用などとして使用可能ですが，手洗いが十分にできないこともあるため，消毒用ジェルやアルコールティッシュがあると便利です。さらに水道水

備蓄品の食料は，食物アレルギーの児童に配慮した品ぞろえも。

アナフィラキシー
アレルギーの型の一種で，即時型過敏症反応に属し，全身的な症状が短時間のうちに起こるのが特徴。アナフィラキシーショックともいう。

が使えないと食器などを洗うことができないので，紙コップや紙皿を用意したり，皿の上にラップをかけて，使用後にはラップのみ廃棄したりするという方法も考えられます。

またお湯を沸かすなどするために，卓上コンロ（ガスボンベ）も役立ちます。

④避難行動に役立つもの

多くの学校では防災ずきんを用意していると思います。東日本大震災では，防災ずきんは防寒にも役立つことがわかりました。しかし頭部の保護という点からは，やはりヘルメットの装着が望ましいと思います。ただしヘルメットは装着するのに時間がかかるという欠点もあるため，日ごろから装着の訓練をしておくとよいでしょう。

校舎外へ避難するときに雨や雪が降っていることも想定されます。その場合は傘ではなく，ビニールのレインコートのほうが役立ちますし，冬期は防寒にも使えます。

⑤情報収集や連絡に役立つもの

先に述べたように，災害時には長時間にわたって停電となることが想定されるため，情報収集が制限されます。そのために，携帯ラジオ，ワンセグが使える携帯テレビ（ワンセグが受信できる携帯電話やスマートフォンでもよい）が必需品といえるでしょう。携帯電話やスマートフォンは，設定により緊急地震速報を受信することも可能です。

学校への防災無線の設置も進められており，東日本大震災でも防災無線が連絡に役立ったという報告があります。しかし，防災無線が下層階にあったため津波の浸水で使用不能になったケースや，途中でバッテリーが切れてしまったケースもありました。どのような状況でも使える準備をしておく必要があります。

⑥備蓄品をどこで保管するか

備蓄品があっても，津波による浸水などで，備蓄品が使用できなかった学校もあったと報告されています。これからは何を備蓄するかとともに，どこに備蓄するかも考えておく必要があります。

もし津波災害が想定される学校であれば，校舎の高層階に備蓄したり，高台の避難場所に備蓄倉庫を設置したりすることも考えられるでしょう。なお，学校敷地外に設置する場合は，自治体との話し合いが必要です。

ここに注目！

◇長時間にわたる学校待機を想定し，最低3日分の食料・飲料水の備蓄を。
◇いざというときに備え，情報収集・情報発信機器等の準備と定期点検を。
◇避難路やライフラインが寸断されたときに備え，必要で便利な生活用品を。
◇備蓄品は，食物アレルギーなど児童の実態にも配慮してそろえ，備蓄する場所は，災害時に備蓄品が被災しないような場所を選ぶ。

どうすればいいの？Q

児童が学校にいるときに災害が発生したら，そのまま下校させるか，待機させるかはどう判断したらいいのでしょうか。

A

ほとんどの学校では，毎年「引き渡し訓練」を実施していると思います。引き渡し訓練では，災害が発生したことを想定して，保護者が児童を迎えにいくのですが，実際の災害発生時にはさまざまな問題が表出しました。

■学校と保護者間で引き渡しの明確なルールづくりを

東日本大震災では，津波が発生した地域において，引き渡し後に児童らが被災したケースが数多くみられました。新聞社等の調査によると，津波によって死亡・行方不明となった児童生徒のうち，約3分の1が，学校から保護者へ引き渡されたのちに被災したことがわかっています。たとえ引き渡しによって被災する危険性が高くなることを学校が把握しても，保護者が引き取りを強く求めると，それを学校が拒む法的な権利はありません。しかし危険と認識しながら，そのまま引き渡すことにも問題があるでしょう。

また直接の被災地域だけではなく，都市部では多くの帰宅困難者が発生したことによって，引き渡しに問題が生じました。児童を引き取るはずの保護者が帰宅困難者となり，児童を引き取りに来ることができなくなってしまったというケースが，特に首都圏で数多くみられたのです。

このような背景のもと，震災後の取り組みとしては，学校と保護者との間で引き渡しの明確なルールづくりが必要となります。

①学校のある地域が被災したが，学校自体の被害が少ない場合

先に述べたように，学校自体が大きな被害を受けることなく安全な状態で，二次災害による被害も問題ないと考えられる場合は，地域の安全が確保されるまで児童は学校に待機します。自宅周辺が危険であることが予想される状況で，保護者が児童を引き取りに来た場合は，一緒に学校にとどまることも考えられます。したがって，そのような状況における引き渡しルールを，学校と保護者の間でつくっておくことが必要です。

現実の災害では情報が確保できず，大きな混乱が起こることが十分想定されます。混乱が生じてから判断を下すのは非常に難しいことです。そのためにルールが必要です。具体的には，学校もしくは学外の避難場所を引き取りの場所として確認して，安全な場所での引き取りを行うこと，周囲の地域が危険である場合には児童は学校から動かないこと，引き取りに来た保護者も安全確認ができるまでは学校にとどまるということがあげられます。

もちろん保護者が引き続き他の園・学校へ兄弟姉妹を迎えにいくことも考えられます。それぞれの学校が児童らを安全に待機させる

児童の引き渡しは，学校と保護者間でつくったルールに基づいて行う。

[児童生徒等の引き取りのルールの例]

震度5弱以上	保護者が引き取りに来るまで，学校に待機させる。この場合，時間がかかっても保護者が引き取りに来るまでは，児童生徒等を学校で保護しておく。
震度4以下	原則として下校させる。交通機関に混乱が生じて，保護者が帰宅困難になることが予想される場合，事前に保護者からの届けがある児童生徒等については学校で待機させ，保護者の引き取りを待つ。

（文部科学省『学校防災マニュアル作成の手引き』より）

ことができれば保護者の不安も減り，危険を伴う引き取りを避けることができます。

②地域や学校周辺の被害が比較的小さい場合

もし学校周辺の被害が小さく，児童が学校に待機する必要がない場合は，そのまま下校させることも考えられます。文部科学省から発刊されている『学校防災マニュアル作成の手引き』では，上の表に示すようなルールを作成しています。

ここでは目安として震度4と震度5弱を取り上げていますが，各地域の状況に合わせて設定します。ここで示したようなルールは，必ず学校と保護者間で了解しておくことが重要です。

■情報をもとに臨機応変な判断と対応を

学校を含む地域の震度が学校待機の設定震度より低く，そのため児童を下校させる場合であっても，通学路が安全であるかどうかの確認が必要です。学校は通学路周辺の情報を収集し，通学路に危険箇所がないことを確認したうえで下校させることになります。通学路の安全が十分確認できない，あるいは危険発生が想定される通学路では，できるかぎり教員が付き添うか，要所に教員を配置して，児童を下校させるようにします。

児童が帰宅したのちに，自宅が被災するなどの危険があった場合のケースも想定しておく必要があります。自宅が学校から近い場合には学校へ戻ることも選択肢のひとつですし，学校から離れている場合には，あらかじめ家族と決めている避難場所へ移動することも考えられます。

引き渡しには臨機応変な対応が必要ですが，その場合であっても最低限のルールを設定しておくことで，混乱を防ぐことができます。何よりも，児童の安全確保を最優先しなければなりません。

『学校防災マニュアル作成の手引き』（文部科学省：2012年）

ここに注目！

◇災害時に起こるさまざまなケースを想定し，学校と保護者の間で前もって明確な引き渡しのルールづくりをしておく必要がある。
◇学校は，災害発生時に児童を下校させる場合でも，通学路の安全情報を確認したり，場合によっては要所ごとに教員の配置，あるいは教員が付き添いをしたりする必要がある。

どうすればいいの？Q　校外学習の際の，子どもの安全確保について教えてください。

A　校外学習（行事を含む）は，大きな教育効果が期待できる反面，特に山や海では事故発生の危険性が高まります。安全に校外学習を進めるためには，周到な準備と万が一の事故に対応できる危機管理計画を立てることが必要です。

■校外学習における危機管理の視点

校外学習では活動に共通した事故・事件の特徴があります。

①被害が多数に及ぶ危険性がある……集団で行動するため，災害や交通事故，犯罪でも複数の被害者が発生する危険性があります。

②活動地域の情報に乏しい……特に遠足や修学旅行，野外活動は普段の生活行動範囲とは異なるため，教員も児童もどこにどのような危険があるかを十分把握しているわけではありません。予期しない事故・事件が発生する危険性が高まります。

③児童の注意が散漫になりやすい……校内の学習とは異なり，集団で屋外に出ることで気分が高揚し，気の緩みや注意散漫による事故が発生しやすくなります。

このような特徴をよく理解したうえで危機管理を考えます。

■遠足・集団宿泊的行事での安全確保

遠足・集団宿泊行事では，活動時間が長くなるうえ活動範囲も広いので，注意事項は当然増えることになります。教員があらかじめ目的地や経路を実地踏査し，予測される事故・事件を想定したうえで危機管理計画を立てます。危機管理の対象としては防災だけではなく，交通安全・防犯はもちろん，食中毒などの内容も含めておくべきでしょう。

特に海では，危険箇所の事前確認はもちろんですが，天候による環境の変化などは地元住民の方たちにあらかじめ確かめておくとよいでしょう。傷病者が発生した場合に備えて医療機関の連絡先を調べ，万が一の搬送方法についても決めておきます。

宿泊場所でも緊急時の避難経路や避難方法について，引率の教職員はもちろん児童にも周知しておきます。

■臨海学校を実施する場合の危機管理計画の流れ

例えば，臨海学校を実施する場合の危機管理計画の流れは以下のとおりです。

①自治体からの事前説明会に参加し，実施場所の危険情報を調べておく。（例：現地の大気中，水道水，海水，海岸砂浜，農産物，水産物などの放射線情報）

②実地踏査担当の教員は現地の危険箇所，避難経路，天候，海でのけが（クラゲ・エイなど），医療機関の情報などを確認する。

③上記の①・②を踏まえ，学年で危機管理計画を作成する。
④保護者説明会の資料を作成し，保護者に不安を与えないように情報提供する。
⑤学年以外の引率する教員とも事前打ち合わせを行い，危機管理計画を共通理解しておく。
⑥児童にも安全教育を事前に指導し，現地に到着したら避難訓練を必ず行う。

■臨海学校を実施する際に，特に配慮する点
　臨海学校を実施する際，安全確保のために特に配慮する点は次のとおりです。
①現地の自治体の防災メールに事前に登録しておき，放射線情報などをホームページで常に確認し，保護者に説明できるよう準備する。
②地震・津波が発生した際の避難経路・誘導について，時と場所によりどう行動するか，引率教員全員で共通理解する（乗り物への乗降車時，海浜にいるとき，宿舎にいるとき，食事をしているときなど，いろいろな行動範囲を予測して設定する）。
③児童には避難時用のリュックを準備させ，その中には水，携帯栄養食品，緊急時用の靴（アクアシューズなど）等を入れ，食堂，海浜，布団のそばなど，どこに行くときも常に自分の身のまわりに置くようにさせる（写真参照）。
④宿舎での避難訓練と海浜での避難訓練の両方を１日目に行う。

　もし校外学習で傷病者が出た場合には，応急手当てを行う，救急車を呼ぶ，保護者に連絡する，宿舎に連絡する，状況によっては学校へ連絡して支援を要請するなどします。このとき傷病者への対応とともに，他の児童の安全確保も同時に行わなければなりません。傷病者に気をとられるあまり，他の児童への対応を怠ると，さらなる事故・事件の発生を招いてしまいかねません。必ず残りの児童に対応する教員を決め，役割を分担し，安全な場所で待機するように対応します。

　しかし逆に，校外学習は本来の学習の目的を達成するだけではなく，安全教育を行う絶好の機会でもあります。普段教室で学んでいる内容を実際の活動を通じて実践し，安全に行動する態度や能力を定着させるうえで効果的な場面設定といえます。

浜辺に置かれた避難時用リュック

食堂でも身近な場所に

ここに注目！
◇校外学習では事前に目的地や経路を実地踏査して安全点検を行う。
◇引率教員全員で，あらゆる場合を想定した危機管理計画を共通理解しておくことが大事。
◇傷病者が出た場合は，他の児童への対応も忘れずに。
◇校外学習は安全教育を効果的に行う絶好の場でもある。

どうすればいいの？Q

災害発生時には停電や，電話がつながらないこともしばしば起こるようです。そのようなときには，どのように情報収集や情報発信をしたらよいのでしょうか。

A

文部科学省が行った岩手県・宮城県・福島県での「東日本大震災における学校等の対応等に関する調査」（2012年）では，情報収集と情報発信について，次のような調査結果が報告されています。

■震災時に情報収集と情報発信はどうしたか

まず情報収集ですが，7割強の学校ではラジオが用いられ，次いで携帯電話とテレビがそれぞれ4割となっています。携帯電話やスマートフォンはワンセグ放送を使えるものが多く，特に停電時にはラジオと並んで重要な情報源となっています。また，防災無線も24％の学校で用いられており，特に津波被害がみられた沿岸部では有効な情報収集手段となっていました。なお，数は少ないですが，メールやWebページからの情報収集も行われています。

学校からの連絡や安否確認に必要な通信手段も，東日本大震災発生時には大きな影響を受けており，7割の学校では停電や回線の混雑が生じたことを報告しています。さらに小学校の13.8％では通信機器が破損・断線しました。

震災発生当日には，通信手段が使えなくなったために，教職員が関係機関に直接出向いた学校が約41％，復旧するまで何もできなかった学校が約35％もありました。このように，通信手段を失うことによる影響は非常に大きなものです。

■今後どのように工夫・改善をすればよいか

情報収集や情報発信については，次のような工夫，改善が考えられます。

①複数の情報収集手段をもつ

最も身近な情報収集手段はテレビです。しかし停電時には役に立ちません。まず停電時でも使える情報収集手段を複数用意しておく必要があります。電池式のラジオはもちろん，前述したようにスマートフォンのワンセグ放送は映像も入手できますので，非常に有効な情報収集手段です。

停電が回避できれば，テレビはもちろんインターネットも重要な情報源となります。また前述の調査にもありましたように，防災無線も非常に有力な情報手段です。

ところで，総務省「大災害発生時の情報流通の確保に関する検討会」による調査検討報告書（2011年）には，災害時に用いられるさまざまな情報機器があげられ，それらの利点と欠点が示されています。一覧の中から一部を抜粋すると表に示したようになります。表の中の○，△，×は，それぞれの情報機器等の使用に伴う問題点の程度を示しており，例えば「端末の汎用性」であれば，○は「一般

[さまざまな情報機器の利点と欠点]

情報機器等	端末の汎用性	サービスの汎用性	停　電	コスト
テレビ（データ放送）	○	○	×	△
ラジオ（コミュニティFM）	○	△	○	△
ラジオ（臨時災害放送局）	○	×	○	×
携帯（エリアメール）	○	×	○	△
携帯（一斉同報メール）	○	○	○	△
携帯（緊急地震速報）	△	○	○	○
衛星携帯電話	△	○	○	△
簡易無線	△	△	○	△
MCA無線	△	△	○	△

（「大災害発生時の情報流通の確保のための対応策一覧」より抜粋）

に普及」しており，△は「ある程度普及」，×は「ほとんど普及していない」ことになります。

②災害時の情報を正しく判断する

　東日本大震災では，不適切な情報の氾濫がみられました。過去の大災害でも，さまざまな流言が広がることが指摘されていますが，今日のように情報機器が充実，普及している状況でも同様でした。

　過去の災害と異なるのは，事実とは違う被害状況がチェーンメールの形で広がったり，物資の不足などが口コミで伝わったりと，情報の混乱とそれに基づく買占めのような不適切な行動が，被害が少ないか，あるいはほとんどなかった地域でも広くみられた点です。そのほか，災害に伴うさまざまな風評被害もまた一般市民を混乱させる原因となりました。

　災害時に限らず，さまざまな情報から正しい判断を導くためには，情報に対する批判的思考力をはたらかせねばなりません。これは，教職員はもちろん，児童や保護者にも求められることです。ひとつの情報源だけを信用せずに，常に比較検討する姿勢が求められます。そのためには，前述したように複数の通信回線をもったうえで，冷静な判断が求められます。

MCA無線システム
MCA方式とは，複数の周波数を多数の利用者が効率よく使える業務用無線通信方式のひとつ。混信に強く，無線従事者の資格を必要としない。最近では地方公共団体での防災ネットワークや大規模災害時における災害復旧活動などにも利用されつつある。マルチ・チャンネル・アクセス・システム。

ここに注目！

◇東日本大震災時の学校の情報収集は，ラジオが7割強，次いで携帯電話とテレビが4割であったが，停電では使えない機器もあるので，複数の情報収集・発信手段をもつ必要がある。

◇情報収集は大切だが，ひとつの情報だけをうのみにせず，さまざまな情報から正しい判断をすることが求められる。

どうすれば いいの？Q 災害発生時には，しばしば学校が避難所となります。学校が避難所となる場合，どのような準備をしておけばよいのでしょうか。

A 東日本大震災では，東北地方，北関東の多くの学校が被災した住民の避難所となりました。特に震災発生直後には，全国で最大600校を超える学校が避難所として使用されました（右表参照）。

■なぜ学校が避難所に？

学校が避難所として使用される法的根拠は何でしょうか。災害対策基本法42条では市町村地域防災計画について定められていますが，そこには，当該市町村及び当該市町村の区域内の公共的団体その他防災上重要な施設の管理者の処理すべき事務または業務の大綱が含まれています。また同法60条には，災害発生時には市町村長が住民に避難を勧告または指示することが示されており，その場合，避難場所のひとつとして学校が使用されます。また災害救助法22条では都道府県知事は，救助組織の確立並びに労務，施設，設備，物資及び資金の整備に努めるとあり，同法23条では都道府県知事は収容施設の供与を行うことが示され，それには学校も当てはまります。以上の法的根拠から，災害発生時等には学校が避難場所として用いられることになります。

ところで文部省（当時）が作成した「学校等の防災体制の充実について（第二次報告）」(1996年）では，学校が避難所となる場合には，初動時に学校が行う業務内容を示しています。例えば，学校側が避難者を受け入れて避難スペースに誘導し，避難者の協力を得ながら，備蓄してある水，食料，毛布等の物資の分配，仮設トイレの設置等を行うことなどです。

もちろん避難所の運営は，自治体の災害対策担当職員と避難者自身が行うことが基本ですが，東日本大震災では，円滑に業務が移行した学校とそうではない学校に分かれました。そのため教職員が長期にわたり避難所運営にかかわった例があり，中には半年に及んだケースもありました。このことは教職員の負担を増やし，教育活動への支障を生むことにつながります。

文部科学省が発刊した『学校防災マニュアル作成の手引き』には，学校が避難所となることに対して，次のように記載されています。

> 災害時における教職員の第一義的役割は，児童生徒等の安全確保・安否確認，教育活動の早期正常化であり，教職員が不在の時間帯に災害が発生する確率が高いことも含め，事前に防災担当部局や地域住民等関係者・団体と体制整備を図り，できる限り地域住民等が主体的に開設・運営ができる状況を作っておくことが重要です。

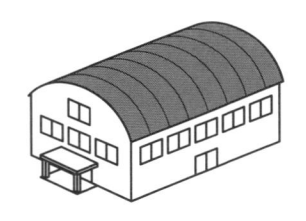

東日本大震災では，学校の体育館が避難所として使用されている例が多く見受けられた。

[ピーク時（2011年3月17日）の応急避難場所となった学校数]

岩手県	宮城県	福島県	茨城県	その他 （1都6県）	合　計
64	310	149	75	24	622

（文部科学省資料より）

■学校はどのように対処すればよいか

では学校は，避難所になることについてどのように対処すればよいのでしょうか。

①学校の施設・設備の充実

学校が避難所となるためには，施設の耐震性など安全性の確保（建物本体の耐震性及び非構造部材等の安全性）が十分なされていることが前提となります。文部科学省「東日本大震災の被害を踏まえた学校施設の整備について」緊急提言（2011年）には，これら耐震化等に加えて，避難所となった場合の備えについても提言しています。その中では，太陽光発電装置やプール水浄化装置など，あらかじめ避難所となることを想定して備えるべきものがあがっています。これらは今後，国や自治体が中心となって整備されていくものと思われます。

②学校と地域住民が連携した体制づくり

学校では管理職が中心となって，自治体とともに，学校を避難所として使用するにあたってのルールづくりを進め，地域住民が参加した避難所開設訓練を行うことが必要です。これによって災害時での混乱を防止することが可能となります。災害が発生してから話し合うのでは遅すぎます。

また休日や深夜に災害が発生することもあります。そのときは教職員が住民を誘導することはできませんので，住民自身で避難所を開設することになります。また学校施設すべてが避難所として開放されるわけではありません。あらかじめ住民との間で，使用できる箇所の共通理解を図っておく必要があります。

③できるだけ早く学校を再開させる危機管理を

前述したように，学校の第一義的役割は子どもたちの安全確保・安否確認と学校再開にあります。たとえ学校が避難所となっていても，同時に教育の継続または再開をめざすことになります。

以上のことを踏まえて，学校が作成する防災マニュアルには，学校が避難所となった場合の対応を含んでおく必要があります。

ここに注目！

◇学校が避難所になったときの初動時の業務内容は，備蓄の水，食料，毛布などの物資の配分，仮設トイレの設置などで，基本的な運営は自治体の職員と避難者自身が行うとされている。
◇学校が本来の教育活動へ速やかに移行できるよう，自治体，地域住民とのルールづくりや訓練などの体制を確立させておくことが大切である。

どうすればいいの？Q

東日本大震災以降，学校の施設・設備の見直しが図られていますが，どのような点に注意を払えばよいのでしょうか。

A

「東日本大震災における学校等の対応等に関する調査」では，岩手県，宮城県，福島県の8割以上の学校で，施設・設備等への被害が発生しました。もちろん他県でも，多くの学校が被害を受けています。しかしながら，近年校舎の耐震化が進められた成果として，校舎自体の倒壊はほとんどみられませんでした。その反面，調査報告書では，非構造部材の耐震対策が必要であること，津波被害が想定される学校では上層階へ速やかに避難できるようにする，あるいは安全な場所へ速やかに避難できるよう避難経路を整備すること，あらかじめ避難場所として必要な諸機能を備えておくことなどが指摘されています。

■校舎の非構造部材への対策

東日本大震災の報道映像では，ガラスの飛散や天井の落下などが数多く報道されました。このような非構造部材に関しては，学校においても体育館の天井材や照明器具が落下したり，同じく体育館でバスケットゴールが落下したりするなどの被害が発生しました。

文部科学省は『地震による落下物や転倒物から子どもたちを守るために〜学校施設の非構造部材の耐震化ガイドブック〜』（2010年）を発刊しており，日常的な安全点検に活用することができます。

具体的な安全点検箇所としては，天井，照明器具，窓ガラス，窓ガラス周辺，建具，クレセント，外壁（外装材），内壁（内装材），放送機器，体育器具，空調室外機，天吊りテレビ，棚置きテレビ，テレビ台，パソコン，書棚・ロッカーなど，棚の積載物，薬品棚，薬品棚の収納物，ピアノなど，カバー材，エキスパンション・ジョイントおよびその周辺があがっています。これらの点検項目に対して，脱落，変形，剥離，破損，変質についての視点から点検を行い，「A：異状が認められない，または対策済み」，「B：異状かどうか判断がつかない，わからない」，「C：明らかな異状が認められる」で判断するようになっています。

このような安全点検は，学校保健安全法第27条に定められる学校安全計画の学校施設・設備の安全点検の一環として行います。学校保健安全法施行規則第28条によって，学校では毎学期1回以上，児童生徒等が通常使用する施設および設備の異常の有無について系統的に行わなければならないとしています。さらに同施行規則第29条では定期の安全点検のほか，設備等について日常的な点検を行い，環境の安全の確保を図らなければならないことが示されています。

点検作業は，学校管理の一環として，原則として教職員が行うものですが，施設・設備によっては専門業者などの協力を得て安全点

『地震による落下物や転倒物から子どもたちを守るために〜学校施設の非構造部材の耐震化ガイドブック』
文部科学省：2010年

文部科学省はさらに2012年に『学校施設の非構造部材の耐震対策事例集』を発刊している。

検を行う必要があります。特に防災管理にかかわる箇所は該当箇所が多いと思います。

　もし安全点検後に問題点が発見された場合は至急改善を図りますが，早急な改善が困難である場合は，校長は学校設置者へその旨を届け出ることとなっています。

■避難経路，避難場所の安全確保
　災害発生時を想定して，避難経路や避難場所の安全を確認しておくことは大切です。

①避難箇所，避難経路の安全
　地震発生時の二次避難行動では，校庭あるいは体育館に避難することが多いと思います。校庭は，落下，倒壊するものがないために，地震の揺れに対して安全確保することが容易です。また体育館は全員を集合させるという利点や雨天等の場合にも使用できることから，二次避難場所として決めている学校も少なくないでしょう。

　しかし東日本大震災では，特に津波被害を受けた学校の中には，校庭や体育館に津波が押し寄せて児童生徒らの命が奪われるという事態が発生したケースもありました。また，地域によっては校庭が液状化することもあります。このように，校庭あるいは体育館に避難するということが，必ずしも適切ではないことが明らかになったわけです。避難場所はあらゆる状況を想定して，複数の場所を設定しておく必要があります。

　また避難経路も同様です。平常時とは違い，周囲にあるものが倒壊したり，ガラスなどが飛散したりして危険な状況になることも想定されます。あらかじめ，避難行動を妨げるような施設・設備の点検を行い，不備があれば改善を図ります。例えば児童が使用する下足箱が倒れて迅速な避難を妨げることがないように，点検を怠らないようにします。もちろん，複数の避難経路を設定しておくことはいうまでもありません。

②校舎外への避難経路
　二次災害，特に津波被害が想定される場合には，校舎の上層階へ避難するか，あるいは校舎外の高台へ避難することが考えられます。特に学校近くに高台がある場合には，できるだけ迅速に避難することが求められます。近年，各地で校舎の上層階から校舎外の高台へ直接避難できるように施設を改良している学校も出てきています。それぞれの学校の状況を踏まえて，より安全に，またより迅速に避難できるような工夫が必要です。

> **ここに注目！**
> ◇校舎の耐震化とともに，落下する恐れのあるガラスや照明器具，天井などの非構造部材への対策が必要。
> ◇災害発生時を想定して，複数の避難経路や避難場所の設定をしておく。

どうすればいいの？Q 東日本大震災以降，教職員への研修のあり方が見直されています。学校防災に必要な教職員研修とはどのようなものでしょうか。

A まず教員自身が，防災教育や危機管理の十分な知識とスキルを身につけていなければなりません。知識の中には，災害発生のメカニズムに関する知識はもちろん，学校が位置する地域に関する事柄，すなわち地域で発生した過去の災害や現在行われている防災活動に関する知識があげられます。さらに，危機管理や教育方法に関する知識やスキルなども求められます。これらを身につけるためには，個々の学習はもちろん，計画的な研修が必要となります。

■教職員研修の内容

教職員研修のあり方としては，主に以下の4点にまとめられると思います。すなわち，①災害のメカニズムについて，②地域の災害について，③防災マニュアル作成を含む危機管理について，④防災教育の進め方について，です。

①災害のメカニズム

災害メカニズムについては多くの書籍が入手可能ですし，またインターネットを通じても容易に学ぶことができます。教育センターで研修が行われる場合もありますが，大学などの研究機関の中には，学校関係者を含め一般向けにセミナーや公開講座を実施しているところもあります。気象台や消防署関係者の方たちを講師に招くこともできるでしょう。また総務省消防庁が発刊している『チャレンジ！防災48』は児童生徒用の映像教材ですが，教職員が学ぶ内容としても十分参考となるものです。

②地域の災害

危機管理や防災教育を進めるうえで，地域の災害情報を知ることは欠くことのできないことです。過去に発生した災害やこれまでの防災活動，今後必要とされる対策などについての情報は，防災教育の教材としても有益です。

第3章でも触れましたが，地域の災害情報は前述した研究機関のような防災に関する資料が整備されている場所以外では，地域の図書館などでも収集することができます。また郷土資料館にも災害情報が蓄積されている場合も少なくなく，災害について詳しい情報をもつ学芸員を講師として招いて研修を行うことも可能だと思います。

防災活動に関しては，地元の消防署も重要な情報源です。ホームページ上からも情報を得ることができると思いますが，災害に強い町づくりをテーマにした講習を開催している場合もあるので，ぜひ活用したいと思います。

③危機管理

最も多い研修が危機管理についての研修だと思います。これにつ

④防災教育の進め方

　教員向けの防災教育に関する研修は着実に増えており、教育委員会による研修も数多く実施されています。個別に消防署や自主防災組織の関係者を講師として招くこともひとつの方法です。また他校の研究授業なども積極的に活用したいものです。同じ校種での実践からは、指導内容、指導方法などの有益な情報を得ることができます。

　ところで、文部科学省は教職員向けのDVD教材を作成しています（写真）。これは、防災に限らず学校安全全般に関する内容を扱っていますが、特に危機管理を進めていくうえで大いに役立つ内容だと思います。校内研修の際に用いることができます。

文部科学省企画の学校防災教育DVD教材：2009年

■卓上訓練の進め方

　さて、もうひとつ研修で用いることができる手法を紹介します。卓上訓練という方法です。卓上訓練（Tabletop Exercise）とは危機的状況をストレスのない状況下で模擬訓練することです。実際に動いて訓練する方法とは異なり、ある危機的な状況を疑似体験し、それへの対応を参加者が討議することによって、危機発生時の意思決定を学習することができるという方法です。学校安全では特に防犯において用いられている手法です。通常は会議室などに教職員が集まって、数名のグループに分かれて行います。例えば、災害を想定した卓上訓練では次のような設定を管理職（もしくは学校安全担当教諭）が提示します。

> 朝、児童の登校時間に震度6弱の地震が発生した。停電となり、電話も不通である。交通機関の状況も把握できない。

　この状況下、教職員がとるべき対応を数分で話し合います。対応は模造紙に油性ペンで書き込み、その後、全員でそれらの対応が適切であるかどうかを話し合います。

　上記の例であれば、教職員が全員そろっていない可能性や児童らの保護者は出勤して不在である可能性もあります。そのような想定される条件を考慮して、最も適切な対応を考えなければなりません。

　卓上訓練は教職員間の意思の疎通を高め、短時間での意思決定を促すうえで効果的な手法といえます。

ここに注目！

◇教職員の研修内容としては「災害のメカニズム」「地域の災害」「防災マニュアル作成を含む危機管理」「防災教育の進め方」があげられる。

◇危機的な状況を疑似体験し、対策を考える卓上訓練も、研修のひとつとして効果的である。

どうすればいいの？Q 防災マニュアルの作成と，それに基づく防災危機管理の進め方について教えてください。

A 学校保健安全法第29条において，学校においては危険等発生時対処要領すなわち危機管理マニュアルを作成することが示されました。各学校では，学校を取り巻く状況を考慮して，学校独自のマニュアルを作成し，活用できなければならないとされています。

■マニュアル見直しの視点

すでに多くの学校で危機管理マニュアルが作成されていると思いますが，東日本大震災をきっかけとしてマニュアル自体が見直されるようになりました。文部科学省の『東日本大震災を受けた防災教育・防災管理等に関する有識者会議　中間とりまとめ』(2011年)の中では，マニュアルの整備により人的な被害を免れた例として，避難マニュアルに沿って実施した訓練によって避難に要する時間を把握していたことから，距離の離れた避難場所ではなく，屋上への避難を選択して，津波から児童・教職員の命を救った学校の例が紹介されています。しかし別の学校では，マニュアルに記載されていた避難場所が津波の被害を受けたこともあり，マニュアルは臨機応変な対応を妨げるのではないかという意見もあります。

実は，ここにマニュアルを考えるうえでの重要な課題があります。マニュアルは，それを所有していること以上に，マニュアルを作成する過程が重要です。つまり外部から与えられたマニュアルと，自分たちで作り上げるマニュアルはまったく異なるということです。

最初からできあがっているマニュアルは個々の学校の状況や教員の意図が反映されていません。そのため，マニュアル作成の参考になっても，そのまま役に立つマニュアルである保障はありません。しかし，教員自らが作成したマニュアルは，学校を取り巻くさまざまな状況を反映し，想定しうる危機に対して最も適切な対応が示されています。また，作成の過程での議論を通じて，よりよい意思決定を選択し，さらに教員間の意思疎通を図ることもできます。

■マニュアル作成の手順

では，どのようにマニュアルを作成していけばよいのでしょうか。次に作成の手順について説明します。なお，マニュアルの作成は，管理職や学校安全担当者（安全主任など）が中心となって行います。

①学校を取り巻く災害の状況を踏まえる

自然災害は地域の特性に左右されます。過去に発生した災害を参考として，学校および地域で発生が想定される災害を踏まえて，危機管理の課題を明確にします。ただし，校外学習など学校と異なる場所での教育活動では，そこで起こる可能性のある災害を踏まえた危機管理が必要です。学校が海岸近くにない場合であっても津波災

害に遭遇することはありうるのです。
②**危機管理マニュアルで取り上げる内容を決定する**

　従来の危機管理では事件・事故発生時の対応を中心に取り上げることが多かったと思います。しかし，あらかじめその事前・事後についても備えておくにこしたことはありません。事前の危機管理，災害発生時の危機管理，事後の危機管理のそれぞれについて行うべきことを取り上げます。事前であれば「体制づくり」，「備蓄と安全点検」，「避難訓練」などを取り上げます。事後であれば「引き渡しと待機」，「避難所協力」などがあるでしょう。これらは別項で取り上げていますので，参照してください。

③**教職員の役割分担を決める**

　学校の危機管理には全教職員がかかわります。そのため全員の役割分担を決めますが，以下のことに注意する必要があります。
・分担した役割の責任者は複数設定しておく……例えば管理職が災害発生時にいるとは限りません。誰かが欠けても対応できるように，第1責任者，第2責任者のように決めておく必要があります。
・それぞれが優先して行う役割を決めておく……1人で複数の対応をこなさなければならないことも多いと思います。しかしその場合，優先して行う内容をそれぞれ明らかにしておきます。

④**マニュアル案を協議する**

　できあがったマニュアル案を職員会議，さらに地域学校安全委員会などを通じて協議し，最終的に校長が決定します。

⑤**訓練を実施し，評価，改善を図る**

　マニュアルは，訓練を行ってはじめて使えるものになります。定期的に訓練を実施して，全職員の意見や気づきを改善に活かします。訓練によって問題点が明らかになった場合は，管理職と学校安全担当者によって迅速にマニュアルの修正・改善を図ります。学校だけで改善できないことについては防災の専門家からの指導を受けるとよいでしょう。

　作成にあたっては，管理職や学校安全担当者らが中心となります。人事異動等によって分担や組織の変更があった場合には，あらためて全教職員へのマニュアルの内容の周知を図ります。

『学校防災マニュアル作成の手引き』
（文部科学省：2012年）

ここに注目！

◇防災マニュアルは，それを用意していること以上に，マニュアルを作成する過程での議論が重要である。
◇与えられたマニュアルを使うのではなく，学校を含めた地域の状況を反映したマニュアルが必要である。
◇マニュアルは，管理職や学校安全担当者が中心となり，職員会議や地域学校安全委員会における協議を通じて作り上げていく。
◇マニュアルは一度できあがったら完成ではなく，訓練を実施し，常に評価，改善を図るようにすることが大切。

どうすればいいの？Q 東日本大震災では地震，津波に加えて原発事故が災害の範囲を大きく広げました。これからの防災では原子力災害に対してどのように備えればよいのでしょうか。

A 東日本大震災がもたらした災害のひとつが原発事故（福島第一原子力発電所事故）による被ばくおよび汚染です。放射線の影響を自分自身で知覚することは不可能です。そのため，汚染状況や被害状況をできるだけ早く知ることが必要になります。

■原子力災害の情報をどのように得るか

原子力災害が発生した場合，その情報を学校がすぐに得ることは簡単ではありません。福島第一原子力発電所事故では，住民避難のための役割を果たすはずだったオフサイトセンターが機能しなかったり，緊急時迅速放射能影響予測ネットワークシステム（SPEEDI）による情報公開が遅れたりして，住民が正しい情報をいち早く得ることができませんでした。原子力災害では，とにかく迅速に正確な情報を得ることが，被ばくを防ぐために必要かつ重要なことです。自治体の災害対策本部から学校への緊急連絡体制を確立するため，学校は教育委員会と協議のうえ体制づくりを進めていかなければなりません。

■放射線による健康への影響

ご存知のように，放射線については児童向けの副読本（『放射線について考えてみよう』文部科学省：2011年）が作成されています。この副読本では，放射線とはどのようなものか，放射線の特性や利用について説明されていますが，放射線による健康被害や放射線から身を守る方法についても取り上げられています。また教師用の解説書も作成されており，文部科学省のWebサイトで公開されています。

放射線は自然界にも存在するため，被ばくをまったくなくすことはできません。しかし自然界の放射線だけでは健康被害が発生する可能性はほとんどないと考えらえます。しかし原子力災害では，短時間に多量の放射線を被ばくし，健康被害が発生する可能性が高まります。

国際放射線防護委員会（ICRP）は，年間20mSv（ミリシーベルト）を緊急対応や除染のひとつの基準として示しています。しかし，放射線による被ばく量と健康被害との関係については明らかになっていないことも多く，さまざまな意見が出されています。たとえ原子力災害が発生しなくても，放射線の影響を完全に断ち切ることはできません。しかし，不要な被ばくはできるだけ回避しなければなりません。

■もし原子力災害が発生したら

先に述べたように，放射線の影響は知覚することができないため，

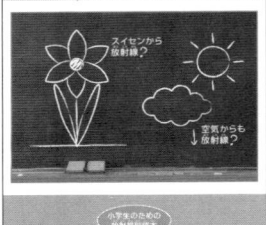

文部科学省発刊の児童向け副読本『放射線について考えてみよう』（2011年）の表紙と目次ページ

まず正しい状況を把握する必要があります。もし原子力災害が発生したら，次のような対応が必要とされます。

①屋内への退避

　原子力災害が発生すると，放射性物質が放出され，風によって飛来する危険性があります。このような放射性物質から身を守るためには屋内へ退避するのが効果的です。その際，ドアや窓を閉め，換気扇は止めます。できるだけ屋内の気密性を高めるためです。

　なおコンクリート建築物は木造建築物よりも放射線の遮へい効果が高いことが知られています。したがって一般の家屋よりも，コンクリート建屋への退避のほうが安全と考えられます。

②外部被ばく・内部被ばくを避ける

　放射性物質が体や服の表面に付着すると，その放射性物質から放射線を受けてしまいます。できるだけシャワーを浴び，服を着替えるようにします。また放射性物質に汚染された水や食物をとることで内部被ばくすることもありますので，屋外にあるものなどで安全が確認されていないものは口にしないようにします。

③別の場所への避難

　たとえ屋内へ退避しても長期間にわたって屋内に閉じこもるのは困難です。放射線による被ばくを避けるためには，より安全な場所への避難が必要となる場合もあります。その際，避難場所については自治体からの指示に従うことになります。

■学校からの避難

　もし災害が発生した原子力事業所と学校との距離が近い場合には，学校からの避難が必要になることもあります。そのような場合は，いつでも重要書類等を持ち出せるようにしておくなど，学校機能を迅速に移すことができるような準備をしておきます。また避難先で児童の安否確認ができるように連絡先を把握し，連絡方法も確保しておきます。

■今後の防災に向けて

　福島第一原子力発電所事故によって原子力発電所の安全神話が大きく崩れました。どのような対策をとっていても完全な安全はありません。残念ながら学校関係者だけでは原子力災害を防ぐことはできませんが，児童と教職員の安全のために，冷静かつ迅速に対応することが求められます。

オフサイトセンター
2000年に原子力災害対策特別措置法において指定された「緊急事態応急対策拠点施設」のこと。原子力施設から20km以内に設置され，原子力災害発生時には，事故拡大防止，住民の安全対策などに迅速で有効な手を打つことを目的とする。

ここに注目！
◇原子力災害では，迅速に正しい情報を得るための体制づくりが大切。
◇放射線の健康への影響についての理解を高めておく。
◇緊急時の対応としては，屋内退避と安全な場所への避難（移動）がある。
◇屋内退避のときには外部・内部被ばくを避けるようにする。
◇学校から別の安全な場所へ避難することを想定した備えをしておく。

コラム Column ⑥
学校のための事業継続計画

　東日本大震災以前より行政機関や企業では，災害発生を想定した事業継続計画（BCP: Business Continuity Plan）が作成されています。事業継続計画とは，企業等が災害等によって被害を受けても，重要業務が中断しないこと，中断しても可能な限り短い期間で再開できること，すなわち事業継続するための計画です。

　実は，事業継続は企業等に限定されず，学校においても有効であると考えられます。もちろん学校では，災害発生に対して危機管理マニュアルが作成され，すでに運用されています。しかし，危機管理と事業継続は，その意義に違いがあります。危機管理の目的は「児童生徒，教職員らの安全を脅かし，学校環境へ大きな被害をもたらす事態へ対応すること」であり，事業継続の目的は「学校の緊急事態に対応して，重要な学校活動を維持し，できるだけ速やかに通常の状態に戻すこと」と区別できます[1]。両者ともに人的被害の防止を最優先課題としていますが，特に後者は学校の教育活動を業務としてとらえ，業務維持あるいは復旧のための諸対応を重視している点が特徴的です。

　学校では，災害発生時には新たに発生する業務が少なくありません。例えば避難所協力などです。しかしながら，避難所協力であっても学校の日常業務である教育活動の継続，復旧を前提としたものでなくてはなりません。もし教育活動の継続が妨げられたり，復旧が遅れたりすると，学校本来の機能を喪失することになります。したがって学校の危機管理と並行して，業務継続の実施が必要となるのです。

　日本では特別支援学校においてBCPの策定が他の校種に先行して進められ，そのためのガイドラインも発表されています[2]。その中では，生活介助を中心とした業務の継続があげられており，医療的ケアを行うことも想定されています。しかしこれらは特別支援学校に限定されるものではなく，他校種においても適用されるものと考えられます。

＜参考文献＞
1) Fyfe,A.：" School resilience planning"：London：Author House,：2010年
2) 鍵屋一：知的障害特別支援学校における事業継続計画（BCP）策定のためのガイドライン（第2次案）：全国特別支援学校知的障害教育校PTA連合会：2011年

資料編

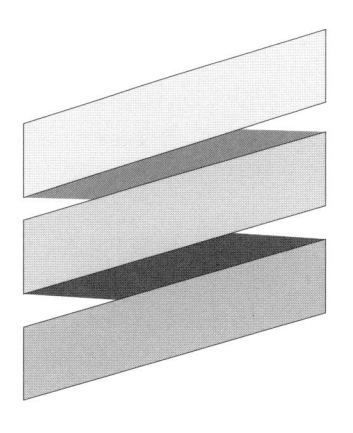

1 「東日本大震災を受けた防災教育・防災管理等に関する有識者会議」中間とりまとめ（抜粋）

平成23年9月

防災教育
① 自らの危険を予測し，回避する能力を高める防災教育の推進
1）周りの状況に応じ，自らの命を守り抜くため「主体的に行動する態度」の育成

○自然災害では，想定した被害を超える災害が起こる可能性が常にあり，今回の地震・津波でも状況に応じ，臨機応変な判断や行動を取る姿勢を重視する教育により危険を回避することができた例があったことから，災害に備えるためのハザードマップ等を有効に活用しながら，さらにその想定を超えた場合の行動や対応を可能とすることを目指して指導することが必要である。

　その際，想定を超えた自然災害から児童生徒等が主体性を持って自らの命を守り抜く，そのために行動するという「主体的に行動する態度」を身に付けることが極めて重要である。

○災害発生時に，自ら危険を予測し，回避するためには，自然災害に関する知識を身に付けるとともに，習得した知識に基づいて的確に判断し，迅速な行動を取ることが必要である。その力を身に付けるには，日常生活においても状況を判断し，最善を尽くそうとする「主体的に行動する態度」を育成する必要がある。

○津波災害では，迅速な避難が必要なことから，災害発生時における地域住民も含めた多くの人々の行動促進のため「率先避難者」の役割は重要であり，日常生活において避難行動等の「主体的に行動する態度」を備えることでその役割を果たすことができる。

○さらに，その「主体的に行動する態度」をもった児童生徒等が成長し，社会の一員となり，地域の一人一人が主体的に避難行動に移る姿勢をもつことが，いわば「文化」として醸成され，世代を超えて継承されることにより，地域に根付いていくこととなる。

○人間には自分にとって都合の悪い情報を無視したり，過小評価したりしてしまう心理的特性（正常化の偏見（バイアス））があるとされている。こうした心理特性も踏まえ，自らの命を守り抜くための「主体的に行動する態度」を育成するための教育手法を開発・普及する必要がある。このことは，防災教育に限らず，安全教育全体に関わる課題である。

2）防災教育の基礎となる基本的な知識に関する指導充実

○幼稚園教育要領では，災害などの緊急時に適切な行動がとれるようにするための訓練などを行うようにすることとされている。特に，地震などを想定した避難訓練は年間を見通した計画の中に位置づけ，災害時には教師の指示に従い，落ち着いた行動をとれるようにすることが重要である。

○小・中・高等学校等の学習指導要領では，その総則において学校の教育活動全体を通じて安全教育に取り組むこととされている。特に理科や社会，保健体育等の各教科において地震の原因や，災害発生時の関係機関の役割，応急手当等の指導内容が含まれており，自然災害に関する正しい知識を習得させることが重要である。

○防災教育を効果的に推進するためには，児童生徒等の発達段階に応じて危険を回避する能力と結びつけながら体系化を図り，教科等の内容や特別活動等との横断的・総合的な関連づけを工夫して，各学校で作成する学校安全計画の中に位置づけることが重要である。さらに，普段生活する地域の特性を踏まえた教材等の開発，活用は災害時の対応に役立つ。

○地震，津波等，災害の種類に応じた「減災」の視点での防災教育や，自然災害を恐れるだけでなく，豊かな自然の恩恵を受けながら生活していく上では，自然が二面性を持っていること等についても併せて指導していくことが重要である。

○知識と行動は単純に連動するものではなく，知識を与えられただけでは，自らの行動に結びつきにくい。行動につなげるためには，児童生徒等が，知識を主体的に学び，体験的な活動を通して，自ら気づきを得ることが重要である。

○世界全体に占める日本の災害発生割合は，マグニチュード6以上の地震回数20.5％，活火山数7.0％，災害被害額11.9％など，世界の0.25％の国土面積に比して，非常に高くなっている（平成22年版防災白書）。このように，日本は地震国であるとともに，様々な自然災害も発生する。このため，学校にいる時だけではなく，登下校中や自宅，外出先など，いつ，どこで災害に遭っても対応できるよう指導していくことが必要である。

○このことは，生涯にわたって安全な生活を送る上で欠かすことのできない重要な指導内容である。防災の教科化など，教育課程における防災教育の位置づけについて，研究開発学校制度などにより各学校における新たな取組を促し，その成果等を踏まえ，検討することが望まれる。各教科にまたがる指導内容の体系的な整理を学校現場に周知していくことなどについては，速やかに考え方を示していくべきである。

○また，東日本大震災の教訓だけでなく，各地域において現在も生き続けている，過去の震災の教訓を踏まえた知恵，工夫，生活様式等を学ぶことも有用である。

○これらの取組を推進するにあたっては，防災，消防，気象など専門的な知見を有する関係行政機関や大学，研究機関等と緊密に連携を図ることが有効である。

② 支援者としての視点から，安全で安心な社会づくりに貢献する意識を高める防災教育の推進

○防災教育で一番重要なことは，自らの命を守ることであるが，その後の生活，復旧，復興を支えるための支援者となる視点も必要である。特に，被災地でのボランティア活動は，災害時の支援者としての視点に立つ活動となり，自然災害が多い我が国においては被災者や災害現場に触れることのできる重要な機会としてとらえることができる。

○ボランティア活動は，他人を思いやる心，互いを認め合い共に生きていく態度，自他の生命や人権を尊重する精神などに支えられている。また，よりよい社会づくりに主体的かつ積極的に参加・参画していく手段としても期待されている。このことは，学校における安全教育の目標の一つである，進んで安全で安心な社会づくりに貢献できるような資質や能力を養うことにつながる。

○被災地でボランティア活動を直接体験できない場合，間接的なボランティア体験においても同様の効果が期待できるが，その際には，児童生徒等が活動の意義等について明確に理解できるような指導上の工夫が求められる。

○防災教育において，ハザード，災害対応，社会背景を学ぶことに加え，過去の災害を語り継いでいくことで，命の大切さや助け合いのすばらしさなどを実感として感じられるような教育が重要である。
○ボランティア活動や語り継ぎなどを通して得られる経験は，自然災害の多い日本で生活する上では，今後必ず生かされる経験であり，支援者となる視点での防災教育の実践は，安全で安心な社会づくりにつながるものである。
○以上を踏まえ，防災教育において，支援者となり安全で安心な社会づくりに貢献する意識を高める教育を実現するため，教育手法を開発・普及する実践的な取組を推進する必要がある。また，自然との関わりや災害時の避難の方法を体験的に学ぶ機会を設けることも有効である。

2 「東日本大震災を受けた防災教育・防災管理等に関する有識者会議」最終報告（抜粋）

平成24年7月

防災教育
① 防災教育の指導時間の確保と系統的・体系的な整理

○平成23年9月，本会議は中間とりまとめを公表し，災害発生時に，自ら危険を予測し，回避するための「主体的に行動する態度」を育成し，支援者となる視点から安全で安心な社会づくりに貢献する「共助・公助」の精神を育成する防災教育の重要性を示した。このことは，「学校安全推進計画」においても盛り込まれている。
○しかし，現在の学校教育においては，防災を含めた安全教育の時間数は限られており，主体的に行動する態度の育成には不十分であり，各学校において，関連する教科等での指導の時間が確保できるよう検討する必要がある。
○また，指導時間を確保し，指導を充実するため，国は，防災教育の系統的・体系的な指導内容を整理し，学校現場に対して分かりやすく示すなどの取組を推進していく必要がある。併せて，国及び学校の設置者において，学校現場における防災教育の実施状況を把握し，指導時間の確保に対する具体的事例や課題等を踏まえて必要な方策を検討することが求められる。
○さらに，防災を含めた安全教育について，教科等として位置付けるなど系統的に指導できる時間を確保すること，総合的な学習の時間の学習活動の例示として位置付けること，体育・保健体育において充てる時間を充実させることなどの方策について，その必要性や内容の検討等を行う必要がある。
○平成24年度においては，文部科学省が作成予定の教職員用参考資料「「生きる力」を育む防災教育の展開（仮）」において，東日本大震災の教訓を踏まえ，防災教育の具体的かつ系統的・体系的な指導内容の例について示すこととしている。本参考資料を基に，各学校においては，以下の点に留意し，児童生徒等の発達の段階や学校の立地状況等に応じた具体的な指導計画の作成と実施が求められる。また，作成された本参考資料の各学校における活用状況を調査し，課題等を把握していくことも求められる。

○発達の段階ごとに，必要な知識を身につけ，主体的に行動する態度や支援者としての視点を育成するため，具体的な指導内容に関して，次の方向性が考えられる。
・幼稚園段階では，
危険な場所や事物などがわかり，災害などの緊急時に，教職員や保護者の指示を受けて，落ち着いて素早く行動できるようにする。
・小学校段階では，
低学年では，教職員や保護者など近くの大人の指示に従うなど適切な行動ができるようにする。中学年では，災害の時に起こる様々な危険について知り，自ら安全な行動ができるようにする。高学年では，日常生活の様々な場面で発生する災害の危険を理解し，安全な行動ができるようにするとともに，自分の安全だけでなく，他の人々の安全にも気配りができるようにする。
・中学校段階では，
地域の過去の災害や他の地域の災害例から危険を理解し，災害への日常の備えや的確な避難行動ができるようにする。また，学校，地域の防災や災害時のボランティア活動の大切さについて理解を深めるようにする。
・高等学校段階では，
自らの安全の確保はもとより，友人や家族，地域社会の人々の安全にも貢献しようとする態度等を身に付ける。また，社会における自らの役割を自覚し，地域の防災活動や災害時のボランティア活動にも積極的に参加できるようにする。
○特別支援学校等における障害のある児童生徒等については，障害の状態，発達の段階，特性等及び地域の実態等に応じて，自ら危険な場所や状況を予測・回避したり，必要な場合には援助を求めたりすることができるようにする。
○大学においては，各大学等の自主性を踏まえつつ，これまでの教育段階で習得した防災に対する知識・理解と技能を深めるための教育を行うことが望まれる。また，これら学習成果等を活用し，地域の防災活動や災害時のボランティア活動へ参加し，さらには企画等できるよう，各大学等において修学上の配慮や安全確保等に努めることが望ましい。
また，教員養成段階にある学生への防災を含めた学校安全に関する教育については，各大学の自主性を踏まえつつ，必要な内容を整理し，関連する講義の開設や教育実習での取組などが考えられる。
○調査研究によると，防災教育の内容として，地域で過去に発生した災害や地域で起こるとされている災害について指導してきた学校等は3割に満たなかった。地域の災害教訓から具体的な対策が見いだされることもあるため，地域の災害をよく知る住民や防災関係者の協力を得ながら，指導していくことも必要である。
○好奇心を喚起する教材や指導法を取り入れたり，校外における体験活動を実施したり，防災関係機関の防災講座を利用するなど，児童生徒等の興味・関心を高める工夫も重要である。
○防災教育を受けた児童生徒等が大人になって社会の中心を担い，地域の防災力を高めることで，いわば「防災文化」を形成することにつながる。そのような長期的な視点も重要である。

② 地震災害への留意点
○地震はあらゆる状況において発生しうることから，各学校においては，今後も更に様々な場所において対応できるよう工夫を凝らした訓練を実施していく必要がある。
○東日本大震災では，耐震化されていない学校施設において構造体に大きな被害が発生したことから，学校施設の耐震化の一層の加速が必要である。また，今回の震災では多くの学校施設で天井や照明器具等の落下など非構造部材の被害が発生したことを受け，現在，特に致命的な事故が起こりやすい屋内運動場の天井等落下防止対策を中心として，学校における非構造部材の耐震点検・対策の推進方策について別途検討がなされているところである。こうした検討も踏まえつつ，今後は，特に，非構造部材（天井・照明器具・ロッカー等）の落下・転倒・移動等による児童生徒等の被害を防ぐことが課題であり，日常の施設・設備の安全点検の中に，非構造部材の点検を位置づけ実施するとともに，点検結果を踏まえた落下・転倒・移動防止対策をとる必要がある。
○さらに，緊急地震速報を活用した避難訓練などにより，落下・転倒・移動等の可能性のある設備・備品から素早く離れるなどの児童生徒等が「主体的に行動する態度」を育成する防災教育・防災訓練の充実を図ることが必要である。

③ 津波災害への留意点
○現在，各自治体においては，ハザードマップの見直しが進んでいるが，津波の浸水が予測されている学校はもとより，それ以外の学校においても，東日本大震災の教訓を踏まえるとともに，地域の特性に応じて，都道府県や市町村の防災担当部局と連携するなどして，早急に津波避難マニュアルの規定や，様々な場面と状況を想定した訓練の実施が求められる。
○また，東日本大震災においては想定以上の津波が来たことにより，所定の避難場所よりさらに高い場所へ避難した事例もあった。学校においては，都道府県や市町村の防災担当部局や地域住民，保護者と連携し，状況に応じた複数の避難経路や避難場所を想定したマニュアル等を作成するとともに，訓練しておくことが必要である。

④ 地震・津波災害以外の自然災害への留意点
○自らに迫る危機に対して，状況を基に判断し，主体的に行動する態度を身につけることは災害の種類に関係なく，全ての児童生徒等にとって必要である。
○日本においては，気象災害や火山災害についても無視できない。台風や集中豪雨，局地的大雨（いわゆるゲリラ豪雨），豪雪，落雷により児童生徒等が被害を受けたり，最近では突風や竜巻により被害を受けた例もある。
○一般的な教材としては，文部科学省が作成・配布している防災教育教材や，気象庁等が作成している台風や集中豪雨，局地的大雨，豪雪，落雷，突風や竜巻，火山等に関するリーフレット等を使って防災教育を実施することが効果的である。
○各地域により災害の特徴は異なる。各地域ごとでも，自然災害や地域の気象特性を熟知した都道府県や市町村の防災担当部局や気象台，消防機関等と連携し，地域の実情に応じた教材を開発することなどの対応が必要である。

3 学校安全の推進に関する計画（防災に関わる部分を抜粋）

平成24年4月27日

避難訓練の在り方
＜課題・方向性＞
○学校における避難訓練は，基礎的な訓練を確実に行うことが重要であるが，更に，例えば，管理職以外の教職員や児童生徒等に予告なく行う，地域や保護者の参加を得て行う，警察・消防・救急への通報訓練を行うなど，より実践的な内容にするための工夫も必要である。
○学校や学校の設置者は，安全に関する科学技術の発達や実用化の状況に応じて，緊急地震速報を活用した避難訓練など，従来の訓練に加え，創意工夫を凝らした訓練を取り入れていくことも重要である。
○学校における訓練について，指導者が児童生徒等を指導するという前提だけではなく，実際にどのように対応するのか児童生徒等が自ら考えて行動し，その行動に対して指導をする訓練を繰り返し実施することも必要である。
○地域と連携した避難所開設訓練などについては，継続的に調整・訓練を行うことにより徐々に定着し，訓練の効果も高まると指摘されている。

＜具体的な方策＞
○国は，安全に関する科学技術の実用化の状況を踏まえ，緊急地震速報などを活用した防災教育手法の開発・普及のためのモデル事業を行うことにより，学校における創意工夫を凝らした防災教育手法の普及促進に努める。
○学校においては，基礎的な訓練を確実に行うことはもとより，地域や学校の実情を踏まえたより実践的な避難訓練を行うことが期待される。国は，優良な実践事例の情報が学校及び学校の設置者に共有されるよう努める。

学校施設の安全性の確保のための整備
＜課題と方向性＞
○学校施設は，児童生徒等の学習・生活の場であるとともに，地域のコミュニティの拠点であり，非常災害時には地域住民の応急避難場所ともなることから，その安全性を確保することは極めて重要である。しかしながら，未だに耐震性が確保されていない学校施設も存在している。そのため，安全教育の充実のみならず，一刻も早く全ての学校を耐震化するなどの施設整備が不可欠である。
○学校施設については，構造体の耐震化だけでなく，非構造部材の耐震対策も速やかに実施する必要がある。特に，屋内運動場の天井材等の落下防止対策を進める必要がある。
○学校施設については，東日本大震災における津波被害の教訓を踏まえ，津波による浸水が想定される地域では，各地域の状況に応じて必要な津波対策を講じる必要がある。

＜具体的な方策＞
○国は，「公立の義務教育諸学校等施設の整備に関する施設整備基本方針」（平成18年4月24日文部科学省告示第61号。平成23年5月24日改正）を踏まえて学校の設置者が行う公立学校施設の耐震化及び防災機能の強化（備蓄倉庫の整備等）を支援する。更に，

私立学校，国立学校についても同様に耐震化等防災機能の強化を推進するため，継続的に支援する。
○学校や学校の設置者は，学校施設の非構造部材の耐震化に関する参考資料等を活用して，非構造部材の点検・対策を速やかに実施することが必要である。
○学校の設置者は，近隣の高台や裏山など安全な場所へ速やかに避難できるような避難経路の整備，学校の上層階に速やかに避難できるような屋外避難階段の設置など学校施設の立地状況に応じた施設整備を推進することが期待される。

4 学校防災マニュアル（地震・津波災害）作成の手引き
（文部科学省，抜粋）

平成24年3月

学校における地震防災のフローチャート

各学校における，地震・災害に関して，「事前～発生時～事後」の一連の流れをモデルとして示しています。本書では，それぞれの項目（段階）についてマニュアルを作成する上で考えるべき留意点や手順について詳しく解説しています。フローチャート中で示している初期対応の内容は，地震発生と同時に児童生徒等が自ら行う安全確保行動，教職員が行う緊急対応（指示，救助，応急手当等），その後の二次対応では，地震に関連して起こる災害（津波，火災等）への対応として示しています。また，一連の流れはあくまでも一般的に考えられるものであり，学校の立地条件や発生時間帯によって変わることが考えられます。

①事前の危機管理（備える）

地震災害は，いつ発生するか分かりません。事前の危機管理が整っていなければ，発生時の危機管理，事後の危機管理に支障を来すことになります。

地震発生時に「落ちてこない，倒れてこない，移動してこない」場所に避難する行動は，児童生徒等に対しての事前指導が不可欠です。様々な場所や時間帯で発生することを想定し，どのような場所が安全なのかを指導しておくことが必要です。

学校の緊急連絡に関するマニュアルは，電話やＦＡＸ，メール等が使える前提で作られてはいないでしょうか。今般の震災では，長期間，停電，通信網が途絶した状況が発生し，児童生徒等の下校方法について保護者と連絡がとれず混乱した学校が多くありました。地震が起こった後に，この課題について考えても解決には至りません。事前の危機管理として，例えば，災害規模，公共交通機関の状況により，下校方法や学校に待機させる等の対応をあらかじめ決めておくことが，事後の危機管理につながります。

このような点からも事前の危機管理が，発生時・事後の危機管理全てに影響し，マニュアルを作成する上で最も重要な部分であると言えます。

本書では，フローチャートの中で地震発生から二次対応までを「命を守る」，その後の対応については「立て直す」としてそれぞれに必要な危機管理について示しています。

▼学校における地震防災のフローチャート

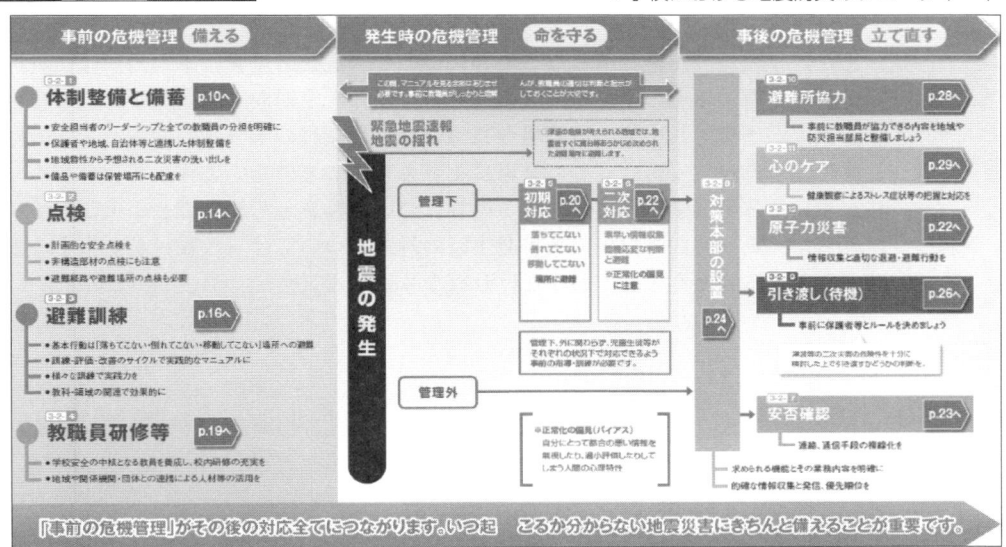

②発生時の危機管理（命を守る）

地震の揺れは突然やってきます。緊急地震速報によって数秒から数十秒前に報知音が鳴ることもありますが，震源が近い場合，報知音と揺れがほぼ同時であったり，報知音よりも揺れが先に来たりすることもあります。地震の揺れで停電する場合もあることから，校内放送で「地震が発生したので机の下に入りなさい」と指示することによって避難行動を促す訓練が，実際に地震が発生したときの危機管理に見合っていないことが言えます。報知音，あるいは揺れそのものを，児童生徒等の一人一人が察知した段階で，素早く身の安全を確保することが命を守る上で重要です。自分の身の回りで落ちてくるもの，倒れてくるもの，移動してくるものはないかを瞬時に判断して，安全な場所に身を寄せることが必要です。教室内だけでなく，学校のあらゆる場所，登下校中，家庭内等においてもこのような行動をとれるようにするためには，事前の指導や訓練が必要であり，避難訓練等で繰り返して指導することが大切です。

初期対応はもちろん，二次対応についても，緊急を要する場面では，マニュアルを見る余裕がない場合が考えられます。津波や火災などから一刻も早く児童生徒等を避難させるためには教職員があらかじめ具体的な手順を理解しておかなければなりません。また，避難行動中にマニュアルを持って避難することが難しい状況も考えられ，その意味では，二次対応のマニュアルについては，対応の優先順位を考え，単純で分かりやすい内容が求められます。児童生徒等の安全確保が確認された後，時間的余裕が発生した段階で次の対応に移ることをイメージして作成することが大切です。

③事後の危機管理（立て直す）

　児童生徒等の在校時に地震災害が発生し，その後下校（帰宅）させる際には，十分な情報を収集して，通学路の安全確認や公共交通機関の運行状況等も含めた判断が求められます。国・私立学校や高等学校，特別支援学校など通学範囲が広い場合には，児童生徒等の居住地の情報収集も必要です。情報通信網や公共交通機関が麻痺し，保護者等の帰宅が困難な場合には，児童生徒等を学校で待機させるなどの対応も必要になってきます。その際には，事前に保護者とルールを決めておくなどの対応が必要です。

　また，学校施設が避難所となる場合について，避難所運営は本来的には防災担当部局が責任を有するものですが，大規模災害時には一定期間，教職員がその業務を支援する状況が予想されます。この場合について，教職員の第一義的役割としての児童生徒等の安全確保，安否確認等の業務に支障を来すことのないよう，あらかじめ，地域住民や自治体等と学校が支援できる内容について協議しておくことが重要です。

　さらに，勤務時間帯以外の災害発生時の対応については，教職員が参集するまでに時間を要することも考えておかなければなりません。

学校保健安全法（抜粋）

最終改正：平成20年6月

第一章　総則
（国及び地方公共団体の責務）
第三条　国及び地方公共団体は，相互に連携を図り，各学校において保健及び安全に係る取組が確実かつ効果的に実施されるようにするため，学校における保健及び安全に関する最新の知見及び事例を踏まえつつ，財政上の措置その他の必要な施策を講ずるものとする。
2　国は，各学校における安全に係る取組を総合的かつ効果的に推進するため，学校安全の推進に関する計画の策定その他所要の措置を講ずるものとする。
3　地方公共団体は，国が講ずる前項の措置に準じた措置を講ずるように努めなければならない。

第三章　学校安全
（学校安全に関する学校の設置者の責務）
第二十六条　学校の設置者は，児童生徒等の安全の確保を図るため，その設置する学校において，事故，加害行為，災害等（以下この条及び第二十九条第三項において「事故等」という。）により児童生徒等に生ずる危険を防止し，及び事故等により児童生徒等に危険又は危害が現に生じた場合（同条第一項及び第二項において「危険等発生時」という。）において適切に対処することができるよう，当該学校の施設及び設備並びに管理運営体制の整備充実その他の必要な措置を講ずるよう努めるものとする。

（学校安全計画の策定等）
第二十七条　学校においては，児童生徒等の安全の確保を図るため，当該学校の施設及び設備の安全点検，児童生徒等に対する通学を含めた学校生活その他の日常生活における安全に関する指導，職員の研修その他学校における安全に関する事項について計画を策定し，これを実施しなければならない。

（学校環境の安全の確保）
第二十八条　校長は，当該学校の施設又は設備について，児童生徒等の安全の確保を図る上で支障となる事項があると認めた場合には，遅滞なく，その改善を図るために必要な措置を講じ，又は当該措置を講ずることができないときは，当該学校の設置者に対し，その旨を申し出るものとする。

（危険等発生時対処要領の作成等）
第二十九条　学校においては，児童生徒等の安全の確保を図るため，当該学校の実情に応じて，危険等発生時において当該学校の職員がとるべき措置の具体的内容及び手順を定めた対処要領（次項において「危険等発生時対処要領」という。）を作成するものとする。
2　校長は，危険等発生時対処要領の職員に対する周知，訓練の実施その他の危険等発生時において職員が適切に対処するために必要な措置を講ずるものとする。

　　　　　3　学校においては，事故等により児童生徒等に危害が生じた場合において，当該児童生徒等及び当該事故等により心理的外傷その他の心身の健康に対する影響を受けた児童生徒等その他の関係者の心身の健康を回復させるため，これらの者に対して必要な支援を行うものとする。この場合においては，第十条の規定を準用する。

（地域の関係機関等との連携）
第三十条　学校においては，児童生徒等の安全の確保を図るため，児童生徒等の保護者との連携を図るとともに，当該学校が所在する地域の実情に応じて，当該地域を管轄する警察署その他の関係機関，地域の安全を確保するための活動を行う団体その他の関係団体，当該地域の住民その他の関係者との連携を図るよう努めるものとする。

5-2 学校保健安全法施行規則（抜粋）

最終改正：平成24年3月

第六章　安全点検等
（安全点検）
第二十八条　法第二十七条の安全点検は，他の法令に基づくもののほか，毎学期一回以上，児童生徒等が通常使用する施設及び設備の異常の有無について系統的に行わなければならない。
　　　　　2　学校においては，必要があるときは，臨時に，安全点検を行うものとする。
（日常における環境の安全）
第二十九条　学校においては，前条の安全点検のほか，設備等について日常的な点検を行い，環境の安全の確保を図らなければならない。

あとがき

　文部科学省より，「学校安全の推進に関する計画に係る取組状況調査について」が2013年3月に発表されました。全国の学校における学校安全の取り組みの状況（2012年3月末時点）をまとめたものです。この報告から，東日本大震災発生から1年後の学校防災の課題を知ることができますが，近年充実が図られた防犯のための取り組みと比較して，防災の取り組みは十分とはいえない実態が明らかになっています。

　日本の防災教育は長い歴史があります。近年では世界で類をみない緊急地震速報の実用化とそれを活用した避難訓練も始まっています。しかし，防災教育の地域差，学校差がみられるのも事実です。

　自然災害は日本国土のどこでも起こります。だれでも被災する可能性があるのです。そのため，すべての人が災害時に適切な行動をとることができなければなりません。本書で注目した危険予測・回避能力は，すべての人が身につけるべき能力といえます。危険予測・回避能力は命を守るための能力だからです。

　防災教育も含めて安全教育は独立した教科ではありません。その多くは学校の裁量で行われるものです。だからこそ，学校関係者には安全教育の基礎・基本である危険予測・回避能力の育成に目を向けてほしいと思います。

　本書は，著者の学校安全に関する研究をベースとしていますが，多くの皆様のお力添えをいただきました。特に原洋子先生（東京都文京区立誠之小学校主幹養護教諭）には，学校防災の取り組みの情報や学習指導案の作成に際してのご支援，ご協力をいただきました。一部の指導案は原洋子先生が実際に指導されています。心より御礼申し上げます。

　末尾になりましたが，一日も早く東日本大震災の被災地の復興が進みますよう祈念しております。

　平成25年5月

渡邉　正樹

今、はじめよう！ 新しい防災教育
子どもと教師の危険予測・回避能力を育てる

©Watanabe Masaki 2013

平成25年5月31日　第1版第1刷発行
平成28年6月30日　第1版第2刷発行
令和6年1月30日　第1版第3刷発行

編著者	渡邉　正樹
執筆協力	原　洋子
発行者	長谷川知彦
発行所	株式会社光文書院
	〒102-0076　東京都千代田区五番町14
	電話　03-3262-3271（代）
	https://www.kobun.co.jp/
カバーデザイン	イトウコウヘイ
イラスト	江原　徹・岡田　知正

2013　Printed in Japan　ISBN978-4-7706-1059-1
＊落丁・乱丁本は，送料小社負担にてお取り替えいたします。